하나님과
함께하는
**자녀기도
100**

**하나님과 함께하는
자녀기도
100**

ⓒ 생명의말씀사 2021

2021년 10월 20일 1판 1쇄 발행
2024년 8월 27일   6쇄 발행

펴낸이 | 김창영
펴낸곳 | 생명의말씀사

등록 | 1962. 1. 10. No.300-1962-1
주소 | 서울시 종로구 경희궁1길 6 (03176)
전화 | 02)738-6555(본사) · 02)3159-7979(영업)
팩스 | 02)739-3824(본사) · 080-022-8585(영업)

지은이 | 김민정

기획편집 | 서정희, 김호경
디자인 | 박소정
인쇄 | 영진문원
제본 | 다온바인텍

ISBN 978-89-04-16780-7 (03230)

저작권자의 허락 없이 이 책의 일부 또는 전체를
무단 복제, 전재, 발췌하면 저작권법에 의해 처벌을 받습니다.

이 아이를 위하여 내가 기도하였더니
내가 구하여 기도한 바를 여호와께서 내게 허락하신지라
그러므로 나도 그를 여호와께 드리되
그의 평생을 여호와께 드리나이다 하고
그가 거기서 여호와께 경배하니라

(삼상 1:27-28)

들어가는 글

37살 가을, 초등학교 2학년과 6학년인 두 아들을 데리고 홀로 서야 했습니다. 거대한 쓰나미가 휩쓸고 간 자리, 광야에 서 있는 나는 그저 초라한 무직의 가장이었습니다. 내 삶의 충격을 소화할 시간조차 없이 생계를 위해 닥치는 대로 일을 했습니다.
나의 영혼까지 휩쓸고 간 쓰나미의 여파 위에 자존심을 버리는 생계의 폭풍이 몰아쳤습니다. 그리고 한참 후에야…. 먹고 사는 문제를 해결해 준 것 외에는 부모로서 해준 것이 없다는 마음의 공백을 발견했습니다.
자녀는 먹여 주고 입혀 준다고 다 해결되는 존재가 아니었습니다. 그들의 외로움, 고독, 어려움 등 각종 장애물은 여전히 그들의 짐이었습니다. 부모는 화살 아홉 대를 대신 맞아 주고도 화살 한 대가 자녀에게 박힐 때 무거운 죄책감에 시달립니다. 그러곤 부모가 모든 화살을 막아 줄 수 없다는 사실을 깨닫게 됩니다.

나의 체력과 나의 경제력, 나의 지혜는 언제나 모자랍니다. 하나도 내 마음대로, 내 뜻대로 되지 않습니다. 결국 도달하는 지점은 자녀가 나의 소관이 아니라 하나님의 소관이라는 사실입니다. 그것을 얼마나 빨리 인정하느냐, 그리고 어떻게 인정하느냐가 관건입니다. 나를 여기까지 인도하신 하나님이 왜 나의 자녀에게 소홀하시겠습니까.

아이를 둘러업은 채 하나님을 제치고 앞서 뛰어가던 버거움을 내려놓고 이제 기도합시다. 하나님의 방식으로 자녀를 찬찬히, 면밀히 바라보며 기도하길 원합니다. 버겁게 둘러업은 자녀를 내려놓고, 크게 한숨을 내어 쉬고 앉아, 하늘을 바라봅시다. 내가 아니라 하나님이 나의 자녀를 붙잡으실 수 있도록 내어 드립시다.

더 잘될 겁니다. 안심하십시오. 하나님이 하실 겁니다.

_김민정

1

그들의 궤도

자녀는 별과 같습니다. 별은 각각 저마다의 색깔과 궤도를 가지고 있습니다. 때문에 우리는 자녀를 향해 '너는 왜 그런 색이니?', '너는 왜 그렇게 좁게 도니?'라고 말할 수 없습니다. 다만 내가 받은 선물을 온전히 기뻐하고 감사하며 인정할 때 자녀는 나에게 별이 되어 안겼습니다. 가장 신비한 축복으로.   _김민정 저, 『쉬며 읽으며 쓰며』 중에서

01 하나님이 주신 존엄한 생명입니다

하나님 아버지,
부족한 인간에게 하나님의 존엄하신 생명의 축복을 주시니 감사합니다.
하나님만이 하시는 생명의 창조가 자녀를 통해
내 삶에 이루어지게 하시니 감사합니다.
하나님이 주신 생명입니다.
하나님이 고르고 골라 우리 가정에 선물로 주신 생명임을 믿습니다.
아버지의 선택하신 그 손길을 찬양합니다.

가장 먼저 나의 자녀가 나의 소유가 아님을 고백합니다.
나의 슬하에 있으나 내가 그 인생을 좌지우지할 수 없음을 고백합니다.
하나님이 주신 자녀이니 하나님의 인도에 따라 양육해야 함을 믿습니다.
자녀의 삶이 존귀를 넘어 존엄함을 믿고 이를 입술로 고백합니다.
그들을 향한 기도가 나의 문제 해결이 되지 않게 하소서.
자녀 양육은 하나님이 나에게 맡기신
가장 엄중한 사명임을 믿게 하소서.
나의 삶을 깎아서 자녀를 키우는 것이 아니라,
나의 삶에 면류관을 더하는 하나님의 축복임을 알게 하소서.

> "보라 자식들은 여호와의 기업이요
> 태의 열매는 그의 상급이로다"
> (시 127:3)

그들을 통하여 인생의 의미를 배우고,
가슴의 폭을 넓힐 수 있음에 감사합니다.
이 땅에서 하는 어떤 사명보다
한 인생을 키우는 역사를 이루어 내게 하소서.
맡기신 자녀를 위해 날마다 기도합니다.
나를 괴롭게 하는 문제로 인해 기도하는 것이 아니라,
그들의 인생의 길이 하나님 앞에 있게 하려고 기도합니다.
나의 괴로움이 초점이 되지 않게 하시고
그들의 가는 길이 초점이 되게 하소서.
나를 키우시고 인도하시는 예수 그리스도의 이름으로 기도합니다.
아멘!

Q 오늘 기도문을 읽고 하나님이 주신 자녀의 소중한 점을 써 보세요.

_____

_____

몸이 작다고 고민도 작으리라 단정 짓지 않게 하소서

하나님 아버지,
나의 주가 되시며 나를 키우시고 인도하신 아버지를 찬양합니다.
나를 키우셨듯이 나의 자녀를 키우실 것을 믿고 신뢰합니다.
오늘도 그들이 주님의 품 안에서 안전하게 하소서.
내가 보지 못하는 모든 순간에 주님이 눈동자와 같이 지켜 주소서.
내가 듣지 못하는 그들의 신음 소리를 들어 주소서.

오늘도 하나님 아버지를 닮은 부모가 되기를 원합니다.
언제나 나의 고통에 귀 기울이셨던 주님을 바라봅니다.
나도 오늘 그들의 고통의 소리에 귀 기울이게 하소서.
몸이 작다고 고민도 작을 것이라 폄하하지 않게 하소서.
그들의 나이가 어리다고 마음도 하찮을 것이라 단정 짓지 않게 하소서.
오늘 그들의 고민에 동참하게 하소서.
오늘 그들의 마음에 함께 자리하게 하소서.
명령과 복종의 관계가 아니라 같은 자리에 앉은 친구가 되게 하소서.
내 어린 시절이 존엄했듯
그들의 어린 시절도 존엄함을 기억하게 하소서.

> "또 아비들아 너희 자녀를 노엽게 하지 말고
> 오직 주의 교훈과 훈계로 양육하라"
> (엡 6:4)

그들을 통하여 말씀하시는 하나님의 음성을 듣게 하소서.
오늘 나의 삶을 지켜 주소서.
나의 하루가 하나님과 동행하게 하시고,
그 기쁨으로 가족과 함께하게 하소서.
나의 감정이 나의 가정을 좌지우지하지 않게 하소서.
하나님의 진리가 나의 가정을 좌지우지하게 하소서.
나의 기준이 되시는 예수 그리스도의 이름으로 기도합니다.
아멘!

Q 오늘 기도문을 읽고 부모인 나에게 필요한 은혜를 구해 보세요.

_____

_____

나의 입술이 지시와 명령으로
가득 차지 않게 하소서

나의 주인이 되시는 하나님 아버지,
온 우주의 주인이 되셔서 세상을 다스리시는 주님을 찬양합니다.
이제까지 나의 삶도 주님의 손안에 있었음을 고백합니다.
나의 이 신앙 고백이 우리 가정의 신앙 고백이 되게 하소서.
내 삶을 주님이 주도하셨다면 내 자녀의 삶도 주도하실 것을 믿습니다.
나의 말과 행동이 그 신뢰를 드러내게 하소서.

나의 입술이 지시와 명령으로 가득 차지 않게 하소서.
내가 주인인 양, 모든 것을 통달한 양 단정적으로 말하지 않게 하소서.
나의 행동이 과격하거나 파괴적이지 않게 하소서.
내 불쾌함을 행동으로 드러내고 입술만 선한 척하지 않게 하소서.
내 뜻이 마치 하나님의 뜻인 양 왜곡하지 않게 하소서.
주인이신 하나님의 자리를 밀어내고 내가 그 자리에 앉지 않게 하소서.
이를 위해 모든 순간 주님께 묻고 행하게 하소서.
주인께 묻고 행하게 하소서. 나의 판단을 지나치게 믿지 않게 하소서.
그 판단의 기저에 있는, 시류의 방향에 올라타 있는 나를 보게 하소서.

> "여호와여 주는 의로우시고
> 주의 판단은 옳으니이다"
> (시 119:137)

세상에서 이기는 자녀를 기대한다면 먼저 기도하게 하소서.
세상에 앞장서는 이김인지,
세상을 올바른 곳으로 이끄는 이김인지 분별하기를 원합니다.
부모가 사라진 세상에서도
자신의 가치를 올바로 세우는 자녀로 성장하게 하소서.
그들의 삶에도 예수가 주인이 되게 하소서.
나의 주인이 되시고 내 자녀의 주인이 되시는
예수 그리스도의 이름으로 기도합니다.
아멘!

Q 오늘 기도문을 읽고 하나님이 주신 자녀의 소중한 점을 써 보세요.

_____

_____

04 아버지의 성품이 자녀를 통해 드러나게 하소서

나의 하나님 아버지,
이 세상에서 가장 귀한 자녀를 허락하신 아버지 감사합니다.
이 자녀 가운데 하나님의 형상이 있음에 감사와 찬양을 드립니다.
하나님을 닮았기에 주님의 창조적 성품이 아이에게 담겼음을 믿습니다.
하나님을 닮았기에 주님의 선하신 마음이 아이에게 담겼음을 믿습니다.
오늘도 아버지의 성품이 이 아이를 통해 드러나게 하소서.

나와 함께 있을 때의 모습이
내 자녀의 모든 모습이 아님을 인정하게 하소서.
내가 본 것이 다 맞을 것이라 착각하지 않게 하소서.
내 자녀의 내면 깊은 곳에 담긴 아름다운 성품을 발견하게 하소서.
그리고 그것이 밖으로 더욱 드러나기를 기도합니다.
혹시 나로 인하여 그것이 막혀 있는지 돌아보게 하소서.
내가 자녀의 아름다움을 막고 있는 존재인지
격려하는 존재인지 돌아봅니다.
나의 언어로 자녀를 억누르지 않게 하소서.

> "우리가 흙에 속한 자의 형상을 입은 것 같이
> 또한 하늘에 속한 이의 형상을 입으리라"
> (고전 15:49)

나의 언어가 통로가 되어 하나님의 성품을 마음껏 드러내게 하소서.
나의 악함이 전달되어 자녀의 악함이 나타나지 않게 하소서.
나의 좋은 마음이 전달되어 그들의 좋은 마음이 나타나게 하소서.
오늘도 그들을 하나님의 자녀로 맡겨 드립니다.
나의 연약함을 돌아보셔서 아버지의 강인함으로 보호하여 주소서.
나의 자녀를 하나님의 자녀로 양육하게 하소서.
내 아이의 주인이 되시는 예수 그리스도의 이름으로 기도합니다.
아멘!

Q 오늘 기도문을 읽고 부모인 나에게 필요한 은혜를 구해 보세요.

_____

_____

나의 판단이 잘못되었을 때 주님이 바로잡아 주소서

사랑의 하나님 아버지,
하나님의 사랑으로 저희 가정을 붙드시는 아버지께 감사를 드립니다.
우리는 모두 주님의 자녀이니
아버지의 다스림이 저희에게 온전히 임하게 하소서.
오늘도 나의 자녀를 축복하여 주소서.
이 아이는 아버지의 것이니 온전히 아버지께서 인도해 주소서.

일평생 이 아이가 하나님을 사랑하길 원합니다.
나보다 주님을 더욱 사랑하여 주님의 곁을 떠나지 않길 원합니다.
아버지의 말씀이 이 아이의 인생의 길잡이가 되길 원합니다.
부모로서 나의 판단이 잘못되었을 때 주님이 바로잡아 주소서.
먼저는 부모인 저에게 깨달음을 주시고,
자녀에게도 인도함을 허락하소서.
자녀에게 교회에 나가라고,
성경을 읽으라고 다그치지 않게 하소서.

"또 어려서부터 성경을 알았나니 성경은 능히 너로 하여금 그리스도 예수 안에 있는 믿음으로 말미암아 구원에 이르는 지혜가 있게 하느니라"

(딤후 3:15)

교회에 가는 것이, 성경을 읽는 것이
고역이 아니라 즐거움이 되게 하소서.
함께 교회에 가는 것이 즐거움이 되고,
함께 성경을 읽는 것이 선물이 되게 하소서.
아이가 자라며 하나님을 기뻐하고 사랑하며 즐거워하게 하소서.
자녀에게 줄 수 있는 가장 귀한 선물이 하나님임을 알게 하소서.
성급한 마음에 그 귀한 선물을
벌처럼, 징계처럼 명령하지 않게 하소서.
나에게 하나님이 가장 큰 기쁨이고 즐거움임을
보여 주어 따르게 하소서.
오늘 내가 아버지를 가장 사랑하고 즐거워합니다.
나의 가장 큰 기쁨이 되시는 예수 그리스도의 이름으로 기도합니다.
아멘!

Q 오늘 기도문을 읽고 하나님이 주신 자녀의 소중한 점을 써 보세요.

_____

_____

예측하지 못한 어려움을 만날 때 지켜 주소서

좋은 것 주시는 나의 아버지,
나의 인생에 가장 좋은 선물로 자녀를 주신 아버지 감사합니다.
기대하는 마음으로, 설레는 마음으로 품었던 자녀를
온전히 출산하게 하시니 감사합니다.
이 세상에 하나의 생명을 시작하게 하신 아버지 감사합니다.
이 귀한 생명을 양육할 때 어찌 어려움이 없겠습니까.
그럼에도 예측하지 못한 어려움을 만날 때 아버지께서 지켜 주소서.

오늘은 언제나 처음 사는 인생입니다.
처음 맞이한 오늘, 처음 맞이하는 동행자로서의 자녀와
이날을 즐기게 하소서.
서툴고 어리숙한 모든 것 앞에 하나님의 손길을 구합니다.
지혜를 허락하시고, 나의 아이를 이해하게 하소서.
나의 입장이 아니라 아이의 입장에서 생각하고
문제를 풀어 가게 하소서.
나의 아이는 지금 무엇이 불편할지,
이 아이는 지금 무슨 생각을 하고 있을지.
먼저 생각하고 이해하려 하고 돌보게 하소서.

> "그러므로 어리석은 자가 되지 말고
> 오직 주의 뜻이 무엇인가 이해하라"
> (엡 5:17)

때로 나를 귀찮게 하는 존재로 여겨질 때마다 회개하게 하소서.
자녀는 나의 부속물이 아니라
귀한 손님이며 축복임을 기억하게 하소서.
지금 내가 수행해야 하는 가장 위대한 사명은
이 자녀를 온전히 키우는 것입니다.
때로 세상에 뒤처지는 것 같은 마음이 들 때 나를 위로하여 주소서.
자녀와 함께하는 시간은 뒤처지는 시간이 아니라
행복을 만드는 시간임을 기억합니다.
세상과의 달리기는 나를 앞서게 할 수 있으나,
자녀와의 씨름은 나를 행복하게 할 수 있다는 믿음을 갖게 하소서.
오늘 이 행복한 씨름에 감사합니다.
나를 도우시는 예수 그리스도의 이름으로 기도합니다.
아멘!

Q 오늘 기도문을 읽고 부모인 나에게 필요한 은혜를 구해 보세요.

_____

_____

나의 사랑이 아닌 아버지의 사랑으로
사랑하게 하소서

복 주시는 하나님,
자녀라는 축복을 이미 허락하신 아버지 감사합니다.
나의 모든 것을 다 주어도 아깝지 않은 자녀를 주시니 감사합니다.
이 자녀를 향한 사랑처럼
아버지도 우리 가족 모두를 사랑하심에 감사합니다.
나의 이런 사랑이 아버지의 사랑을 닮게 하소서.
나의 사랑으로 사랑하지 않고 아버지의 사랑으로 사랑하게 하소서.

자녀로 인해 속상할 때 그들을 미워하지 않게 하소서.
나를 괴롭힌다 생각하지 않고 그들의 괴로움에 귀 기울이게 하소서.
나의 마음을 근거로 그들을 책망하지 않게 하소서.
그들의 마음을 들여다보고 그들의 문제를 바라보게 하소서.
올바르다는 기준이 언제나 나 중심이었음을 알게 하소서.
자녀의 마음을 들여다보기 전에
내 마음의 괴로움에 집중하였음을 회개합니다.
내가 괴롭지 않으면 그들의 잘못도 그냥 넘어갔음을 용서하소서.

> "사랑하는 자들아 우리가 서로 사랑하자 사랑은 하나님께 속한 것이니
> 사랑하는 자마다 하나님으로부터 나서 하나님을 알고"
>
> (요일 4:7)

옳고 그름의 기준이 내 마음에 따라 달라졌던 것을 회개합니다.
아버지의 자녀로 올바르게 키우기 위해
부모가 먼저 올바로 서게 하소서.
부모인 나의 마음이 하나님의 말씀 위에 서기를 원합니다.
오늘 우리 가정에 주신 복에 감사하는 날이 되겠습니다.
자녀의 마음을 들여다보고 위로하는 날이 되겠습니다.
말씀 위에 서서 기도하고 축복하는 날이 되기를 원합니다.
우리 가정의 복이 되어 주시는 예수 그리스도의 이름으로 기도합니다.
아멘!

Q 오늘 기도문을 읽고 하나님이 주신 자녀의 소중한 점을 써 보세요.

_____

_____

08 나의 자녀가 아니라
아버지의 자녀임을 믿습니다

생명의 하나님 아버지,
선물로 주신 생명과 자녀로 인해 감사와 찬양을 드립니다.
모든 생명이 주님께 있으니 자녀의 건강을 주님께 맡깁니다.
악한 질병으로부터 보호하여 주소서.
불의의 사고로부터 안전하게 하소서.
자녀의 몸을 주님이 지켜 주소서.

살면서 아프지 않을 수는 없으나 그럼에도 불구하고 은혜를 구합니다.
인생을 살면서 크고 작은 사고들이 있겠으나 이겨 나가게 하소서.
모든 것을 피하고 살 수는 없음을 압니다.
그러나 물 가운데를 지날 때 물에 침몰치 않게 하소서.
자녀가 불 가운데를 지날 때 불이 사르지 못하게 하소서.
부모의 힘으로 그들의 안전을 보장할 수 없음을 깨닫게 하소서.
나의 모든 연약함을 주님께 드립니다.
나의 자녀가 아니라 아버지의 자녀임을 믿습니다.
보이지 않는 주님의 손으로 그들을 지켜 주소서.

> "하나님이여 나를 지켜 주소서
> 내가 주께 피하나이다"
> (시 16:1)

그들이 가는 모든 곳에서 안전하게 하소서.
혹여 어려움을 당할 때 원망하지 않고 이겨 나가게 하소서.
아버지의 주권을 인정하며 다시 일어나는 가정이 되게 하소서.
모든 것이 주님의 은혜이며 사랑임을 믿고 신뢰합니다.
우리 가정의 주인이 되시는 예수 그리스도의 이름으로 기도합니다.
아멘!

Q 오늘 기도문을 읽고 부모인 나에게 필요한 은혜를 구해 보세요.

---

09 함께 갈 수 없는 모든 곳에서
함께하실 주님을 찬양합니다

함께하시는 하나님 아버지,
주님의 은혜로 하루를 살아가고 인생을 살아감에 감사합니다.
날마다 부어 주시는 은혜가 우리 가정에 가득하게 하소서.
사랑하는 자녀를 주심에 오늘도 다시 감사를 드립니다.
때로는 힘겹고 어렵지만, 이것이 과정임을 믿습니다.
어려울 때마다 더 큰 성장을 이루게 하실 것을 믿습니다.

오늘도 주님이 함께하여 주소서.
부모인 나의 마음에 주님이 가득하게 하소서.
그래서 나의 아이가 나를 통하여 하나님을 보게 하소서.
말로만 전하는 하나님이 아니라
보고 느끼는 하나님을 만나게 하소서.
부모의 모습을 통해 사랑이 무엇인지 배우게 하소서.
언제, 어느 곳에서나 함께하시는 주님께 나의 자녀를 올려 드립니다.
그들이 가는 곳에 함께 있어 주소서.
그들의 지나는 모든 곳에서 그들의 손을 붙들어 주소서.

> "이는 나 여호와 너의 하나님이 네 오른손을 붙들고 네게 이르기를
> 두려워하지 말라 내가 너를 도우리라 할 것임이니라"
>
> (사 41:13)

어려움을 당할 때 그들의 팔을 잡아 일으켜 주소서.
그들이 기쁠 때 하나님을 찬양하게 하소서.
내가 함께 갈 수 없는 모든 곳에서 함께하실 주님을 찬양합니다.
나의 손이 닿지 않는 모든 곳에서 도우실 주님을 찬양합니다.
내가 알 수 없는 그들의 마음을 만지실 주님을 찬양합니다.
오늘도 역사하시고 일하여 주소서.
나의 주 예수 그리스도의 이름으로 기도합니다.
아멘!

Q 오늘 기도문을 읽고 하나님이 주신 자녀의 소중한 점을 써 보세요.

_____

_____

나의 시간과 습관에 자녀를 맞추려 하지 않게 하소서

하나님 아버지,
오늘도 새로운 은혜로 저희 가정을 채우시는 아버지 감사합니다.
건강한 날을 주신 아버지 감사합니다.
자녀의 자고 일어남이 큰 은혜임을 고백합니다.
잠이 많다 타박하지만,
잠을 자지 못해 고통스럽지 않으니 감사합니다.
빨리 일어나라 재촉하지만,
건강의 문제가 아니라 단지 늦잠임에 감사합니다.

매일 '조금 더 잘해 주면 얼마나 좋아'라고 불평했던 것을 회개합니다.
그들은 이미 최선을 다하고 있음을 기억하게 하소서.
어쩌면 부모가 모르는 사이에 더 큰 짐을 지고 있을지도 모릅니다.
아직은 도움이 필요한 자녀임을 잊지 않게 하소서.
그래서 그들을 재촉하기보다 격려하게 하소서.
오늘도 그들의 속도를 인정하겠습니다.
하나님이 허락하신 그들의 특성에 맞추기를 원합니다.

> "서로 돌아보아
> 사랑과 선행을 격려하며"
> (히 10:24)

나의 시간, 나의 습관, 나의 생활에 그들을 맞추려 하지 않게 하소서.
잘 자란다는 의미가 나에게 맞춰지는 것이 아님을 알게 하소서.
하나님의 시간과 하나님이 주신 그들의 성품이
잘 나타나도록 돕게 하소서.
하나님이 숨겨 놓으신 그들 안에 있는 보석을 발견하길 원합니다.
부모인 나를 통해 발견되고 보존되고 빛나게 하소서.
하나님이 나에게 주신 보석과 다르다고 폄하하지 않게 하소서.
모든 것을 주신 예수 그리스도의 이름으로 기도합니다.
아멘!

Q 오늘 기도문을 읽고 부모인 나에게 필요한 은혜를 구해 보세요.

한 번의 눈 맞춤에도
나의 사랑을 듬뿍 담게 하소서

사랑의 하나님 아버지,
부족한 우리에게 가정을 주신 아버지 감사합니다.
축복의 자녀들로 인하여 이 가정이 완성되고 풍성해짐에 감사합니다.
고민되는 모든 순간을 주님께 올려 드립니다.
그들의 길을 인도하기에 지혜가 턱없이 부족함을 고백합니다.
진정 무엇이 자녀를 위한 것인지 깨닫는 지혜를 허락하소서.

나의 분주함 때문에 그들을 소홀히 여기지 않게 하소서.
시간을 많이 내지 못하는 죄책감 때문에
오히려 더 짜증을 내기도 합니다.
시간이 중요한 것이 아니라
마음 깊은 공감이 중요한 것임을 기억하게 하소서.
한 번의 눈 맞춤에도 나의 사랑을 듬뿍 담게 하소서.
진심을 전달하기 위해 최선을 다하게 하소서.
자녀에게 무엇을 잘해야 사랑하겠다고 말하지 않게 하소서.
나는 아무것도 잘한 것 없이 주님께 사랑받았음을 기억합니다.
주님이 나에게 하셨던 것처럼 자녀의 잘못에 너그럽게 하소서.

> "사랑은 오래 참고 사랑은 온유하며 시기하지 아니하며
> 사랑은 자랑하지 아니하며 교만하지 아니하며"
> (고전 13:4)

나의 자녀라는 사실만으로
그들은 사랑받을 권리가 있음을 알게 하소서.
존재 자체로 기뻐하고, 존재 자체로 사랑하게 하소서.
사랑스러운 아이가 되게 해 달라 기도하면서
사랑하지 않는 부모의 모순을 버리게 하소서.
잘못 앞에서 주눅이 들지 않으려면
잘못 앞에서 격려를 받아야 함을 알게 하소서.
나의 자녀를 생명보다 사랑합니다.
나를 생명 바쳐 사랑하신 예수 그리스도의 이름으로 기도합니다.
아멘!

Q 오늘 기도문을 읽고 하나님이 주신 자녀의 소중한 점을 써 보세요.

_____

_____

세상의 지식을 쌓기 전에
하나님의 지식을 갖게 하소서

하나님 아버지,
사랑하는 자녀를 허락하신 아버지를 찬양합니다.
날마다 주님이 하신 그 사랑으로
나의 자녀를 사랑하고 돌보게 하소서.
아직 어리고 도움이 필요한 시기입니다.
연약한 만큼 그들을 위해 기도합니다.
때로 부모로서 어떻게 하는 것이 옳은지
판단하기 어려움을 고백합니다.

아버지의 판단과 지혜를 허락하여 주소서.
무엇이 정말 자녀를 위하여 좋은 것인지 분별하게 하소서.
모든 것을 허락하는 것만이 사랑의 모습이 아님을 믿습니다.
말씀으로 가르치게 하시고 본이 되는 모습을 보이게 하소서.
하나님의 이름을 알아 그 길을 따르는 자로 키우게 하소서.
세상의 지식을 쌓기 전에 하나님을 아는 지식을 가지게 하소서.
세상을 따라가는 길에 들어서기 전에
하나님을 따르는 길에 서게 하소서.

> "지식에 절제를,
> 절제에 인내를, 인내에 경건을"
> (벧후 1:6)

인생에서 가장 외로운 자리에 있을 때
지키실 이가 하나님이심을 알게 하소서.
가장 온전한 성공은 하나님과 동행하는 삶임을 알게 하소서.
그리고 부모인 내가 그 삶을 보여줌으로 가르치게 하소서.
불확실한 시대에 가장 확실한 하나님을 만나길 원합니다.
이 아이에게 임하여 주소서.
그리고 하나님을 받아들이는 순전한 마음을 허락하소서.
자녀의 주인이 되시는 예수 그리스도의 이름으로 기도합니다.
아멘!

Q 오늘 기도문을 읽고 부모인 나에게 필요한 은혜를 구해 보세요.

---

13. 풍성함을 주시길 소망합니다

풍성하신 하나님 아버지,
우리를 만드시고 인도하시고 지키시는 아버지 감사합니다.
소중한 가정을 허락하시고 자녀를 주신 아버지 감사합니다.
날마다 이 사실을 잊지 않게 하소서.
가족을 생각할 때 무엇보다 감사가 넘치게 하소서.
존재하는 것만으로 얼마나 귀하고 아름다운지 기억하게 하소서.

아버지께서 선물로 주신 자녀의 앞길을 축복하소서.
그들의 사는 길에 풍성함을 주시길 소망합니다.
무엇보다 하나님과 동행하는 영적인 풍성함을 약속하소서.
우리에게 주실 그 무엇보다
성령을 주신다고 약속하셨으니 그것을 허락하소서.
어떤 난관도 이겨 나갈 힘이 될 것입니다.
사랑스러운 관계의 풍성함을 허락하소서.
살면서 위로와 힘이 되는 친구들과 좋은 사람들을 붙여 주소서.
사람을 사랑하고 함께하는 즐거움을 아는 아이로 성장하게 하소서.

> "긍휼이 풍성하신 하나님이
> 우리를 사랑하신 그 큰 사랑을 인하여"
> (엡 2:4)

하나님을 버리지 않을 만큼의 풍성한 물질을 허락하소서.
돈에 휘둘리지 않고 이를 잘 다스려 인생의 의미를 찾아가게 하소서.
가능한 모든 풍성함을 구하고 싶으나 아버지의 손에 맡겨 드립니다.
가장 적절한 때에 가장 적절한 풍성의 복을 부어 주소서.
성장과 성숙의 균형이 잘 맞아 아름다운 사람으로 자라게 하소서.
우리 모두의 인생을 풍성하게 하시는
예수 그리스도의 이름으로 기도합니다.
아멘!

Q 오늘 기도문을 읽고 하나님이 주신 자녀의 소중한 점을 써 보세요.

_____

_____

14 작은 실수를 웃고 넘길 수 있는 여유를 허락하소서

기쁨의 하나님 아버지,
좋은 하루를 우리에게 주시고 누리게 하시는 아버지 감사합니다.
우리 가정의 모든 죄악을 주님께 올려 드리니 사하여 주소서.
예수 그리스도의 보혈의 은혜가 언제나 우리 가정에 넘치게 하소서.
특별히 우리 자녀와 함께하여 주소서.
보혈의 피가 문설주에 발리듯 재앙이 넘어가게 하소서.

자녀를 위해 기도합니다.
오늘도 기쁨의 날이 되게 하소서.
가는 곳마다 하나님이 주시는 즐거움과 기쁨이 넘치게 하소서.
작은 것에 마음을 빼앗기는 일이 없게 하소서.
작은 실수를 웃고 넘길 수 있는 여유를 허락하소서.
만나는 사람들과의 대화가 즐겁게 하소서.
서로를 인정하고 수용하며 용납하고 이해하게 하소서.
만날 만한 사람들을 만나게 하시고 피할 자를 피하게 하소서.
자녀가 머무는 공간의 분위기가 가볍고 행복하게 하소서.

> "모든 겸손과 온유로 하고 오래 참음으로
> 사랑 가운데서 서로 용납하고"
> (엡 4:2)

악한 영들은 예수의 이름으로 모두 물러가게 하소서.
기쁨의 근원이 되시는 분은 하나님이십니다.
그 하나님을 마음에 품고 사는 자녀가 되게 하소서.
그래서 나의 자녀가 다른 이들까지 기쁘게 하는
영적 영향력을 갖게 하소서.
나의 즐거움이 되시는 예수 그리스도의 이름으로 기도합니다.
아멘!

Q 오늘 기도문을 읽고 부모인 나에게 필요한 은혜를 구해 보세요.

_____

_____

 ## 마음을 나눌 좋은 친구들을
허락하소서

친구가 되시는 하나님 아버지,
언제나 우리와 함께하기를 원하시는 아버지 감사합니다.
내가 거절할 때도 내 마음의 문을 두드리시는 아버지 감사합니다.
우리와 함께 거주하고 동행하기를 원하시는
아버지의 마음에 감사합니다.
우리 자녀의 마음에도 언제나 함께 거주하여 주소서.
그들의 마음 안에 머물러 친구가 되어 주소서.

자녀에게 좋은 친구들을 허락하소서.
인생의 큰 축복 중 하나이며 그들에게 매우 중요한 일입니다.
마음을 나눌 친구, 이해하고 사랑할 친구를 풍성하게 허락하소서.
만남의 축복을 허락하소서.
더욱이 신앙의 친구를 가질 수 있도록 은혜를 주소서.
부모라는 위치 때문에
때로 아이들의 눈높이를 놓칠 때가 많음을 고백합니다.
그들이 숨 쉴 수 있는 좋은 인간관계를 허락하소서.
가는 곳마다 마음을 터놓을 사람이 있게 하소서.

> "나는 주를 경외하는 모든 자들과
> 주의 법도들을 지키는 자들의 친구라"
> (시 119:63)

외롭지 않고 고독하지 않게 하소서.
좋은 친구들로 인하여 다시 힘을 내고 일어날 수 있게 도와주소서.
영원한 친구가 되어 주시는 아버지를 의지합니다.
우리의 인생이 아버지로 말미암아 살아남을 수 있었듯이,
자녀의 인생도 그러하게 하소서.
나의 주 예수 그리스도의 이름으로 기도합니다.
아멘!

Q 오늘 기도문을 읽고 하나님이 주신 자녀의 소중한 점을 써 보세요.

_____

_____

16. 견고한 자존감을 가진 강건한 아이가 되게 하소서

귀하신 하나님 아버지,
우리를 사랑하셔서 귀히 여기시는 아버지 감사합니다.
인간의 모든 약함에도 불구하고 우리를 존귀한 자리에 두셨습니다.
순간순간 잊어버리는 이 귀한 신분을 잃어버리지 않게 하소서.
나의 자녀도 언제나 하나님의 자녀로서의 삶을 누리게 하소서.
하나님의 자녀로 사는 삶의 자리를 빼앗기지 않게 하소서.

그들의 삶의 행복을 주님께 맡겨 드립니다.
하나님이 주시는 행복의 근원을 알고 누리게 하소서.
소유의 많음이 행복의 근원이 아님을 알게 하소서.
존재의 가치를 알 때 흔들리지 않는 행복을 가질 수 있음을 알게 하소서.
그리고 그것을 부모인 우리가 가르치고 보여 주게 하소서.
자신이 얼마나 존귀한 존재인지 끊임없이 느끼길 원합니다.
사랑받아 마땅하며 칭찬받아 마땅한 존재임을 알게 하소서.
누구도 함부로 대할 수 없으며,
자신도 함부로 대하면 안 된다는 것을 가르치게 하소서.

> "그러나 너희는 택하신 족속이요 왕 같은 제사장들이요
> 거룩한 나라요 그의 소유가 된 백성이니"
>
> (벧전 2:9)

자신의 가치가 다른 사람들의 말로 손상될 수 없음을 확신하게 하소서.
그래서 끝없이 폄하하는 사탄의 속임수에 넘어가지 않는
강건한 아이가 되게 하소서.
부모인 내 모습은 어떠한지 돌아보기를 원합니다.
남의 눈치만 보고, 인정 욕구에 시달리며,
가진 것을 자랑하기 위한 삶이 아니라
흔들리지 않는 견고한 자존감을 가진 가정을 먼저 세우게 하소서.
나의 기초가 되시는 예수 그리스도의 이름으로 기도합니다.
아멘!

Q 오늘 기도문을 읽고 부모인 나에게 필요한 은혜를 구해 보세요.

_____

_____

17 인생에 좋은 것만 있지 않음을 받아들이게 하소서

하나님 아버지,
날마다 우리와 함께하시는 아버지 감사합니다.
사랑하는 자녀를 위해 기도합니다.
이 땅에 이름 불러 보내 주신 자녀임에 감사합니다.
하나님이 뜻이 있어 그들 한 사람 한 사람을 품으셨음을 믿습니다.
오늘도 그들의 마음속에 하나님의 사랑이 가득하게 하소서.

날마다 주님의 이름을 부르는 자녀가 되길 원합니다.
살면서 상처 받는 순간들이 많이 있겠지만,
그때마다 주를 부르게 하소서.
사람들을 만나면서, 무언가를 시도하면서, 아주 평범한 일상을 살면서
깨어지고 부서지고 마음 아파지는 순간들을 만날 것입니다.
그때마다 주님이 치유의 손으로 그들의 마음을 어루만지소서.
상처가 되는 말을 들어도 흔들리지 않는 자존감을 허락하소서.
자신이 얼마나 소중한 존재인지 의심하지 않게 하소서.
사람들의 비난 앞에 무너지지 않고 자신을 돌아보게 하소서.
상처를 상처로 주고받지 않고 의연하게 이겨 내게 하소서.

> "상심한 자들을 고치시며
> 그들의 상처를 싸매시는도다"
> (시 147:3)

인생에 좋은 것만 있지 않음을 받아들이고 성장하게 하소서.
마음의 힘이 필요합니다.
예수 그리스도의 구원의 역사와
하나님의 사랑이 그 힘을 주시리라 믿습니다.
믿음 안에 강하게 하소서.
우리의 위로가 되시는 예수 그리스도의 이름으로 기도합니다.
아멘!

Q 오늘 기도문을 읽고 하나님이 주신 자녀의 소중한 점을 써 보세요.

_____

_____

# 가장 행복하고 유능할 수 있는
진로를 찾게 하소서

인도하시는 하나님 아버지,
우리의 태어남과 죽음을 다스리시고 인도하시는 아버지 감사합니다.
시작이고 마지막이 되시는 주님을 찬양합니다.
이 모든 인생의 과정 가운데
하나님이 우리를 눈동자와 같이 지키심을 믿습니다.
자녀의 인생에서도 그 시작과 마지막이 되어 주소서.
그들의 모든 길이 주님의 손안에 있게 하소서.

사랑하는 자녀의 모든 인생을 주님께 올려 드립니다.
그들의 가는 길을 주님이 주도하여 주소서.
나보다 나를 더 잘 아시는 주님이 자녀의 본질도 아심을 믿습니다.
부모인 나도 모르는 그 길을 주님은 아십니다.
그들의 본질을 모르면서 내가 다 안다고 자만하지 않게 하소서.
어떤 길이 정말 자신에게 맞는 길인지 밝히 알게 하소서.
한 걸음 한 걸음 나아갈 때마다 그 길을 찾아가게 하소서.
부모라는 이유로 그 길을 막아서지 않게 하소서.

> "사람이 마음으로 자기의 길을 계획할지라도
> 그의 걸음을 인도하시는 이는 여호와시니라"
>
> (잠 16:9)

나의 자녀가 가장 행복하고,
가장 유능할 수 있는 진로를 찾게 하소서.
부모의 시점이 아니라 하나님의 시점으로 자녀를 바라보길 원합니다.
아버지께서 인도자가 되어 주셔서 그들의 손을 붙들어 주소서.
내가 아버지의 손을 뿌리치고 내 손만 잡으라 강요하지 않겠습니다.
나게 하시고 크게 하시고 성장하게 하시는 아버지를 신뢰합니다.
자녀의 길이 되어 주시는 예수 그리스도의 이름으로 기도합니다.
아멘!

Q 오늘 기도문을 읽고 부모인 나에게 필요한 은혜를 구해 보세요.

---

19. 삶을 존중하고 하나님을 사랑하는 배우자를 허락하소서

사랑의 하나님 아버지,
모든 인생이 아버지의 사랑 가운데 있음을 믿고 감사합니다.
아버지의 사랑이 아니었다면
오늘 이 순간은 존재할 수 없음을 고백합니다.
세상을 사랑하셔서 독생자 아들을 주신
아버지의 그 증명된 사랑을 믿습니다.
그 사랑으로 우리 가정을 사랑하여 주소서.
특별히 우리 자녀를 붙들어 주소서.

오늘 자녀의 삶이 외롭지 않기를 기도합니다.
자라면서 소중한 친구들을 많이 만나게 하소서.
함께 고민을 나누고 함께 웃으며
행복한 시간을 만들 좋은 친구를 허락하소서.
그렇게 장성하여 소중하고 아름다운 배우자를 만나게 하소서.
자신과 타인의 삶을 존중하며
하나님을 사랑하는 배우자를 허락하소서.

> "나의 사랑하는 자가 내게 말하여 이르기를
> 나의 사랑, 내 어여쁜 자야 일어나서 함께 가자"
>
> (아 2:10)

이 땅에 사는 동안 사람의 가치를 귀히 여기는
좋은 사람들을 허락하소서.
하나님을 섬기고 긍정적이며 격려하는 사람들이 늘 곁에 있게 하소서.
또한, 스스로 좋은 친구가 되는 법을 알게 하소서.
다른 사람의 기쁨을 함께 기뻐하고, 슬픔을 함께 슬퍼하게 하소서.
부모인 제가 좋은 사람의 모범을 보여 주게 하소서.
하나님이 주신 생명을 소중히 여기며
아름다움을 추함보다 먼저 보게 하소서.
어려운 중에 소망을 갖게 하소서.
우리 가정이 먼저 하나님을 닮은 가정이 되게 하소서.
나의 주 예수 그리스도의 이름으로 기도합니다.
아멘!

Q 오늘 기도문을 읽고 하나님이 주신 자녀의 소중한 점을 써 보세요.

_____

_____

어려운 순간에 망설이지 않고 부모와 대화하게 하소서

하나님 아버지,
언제나 인자한 마음으로 우리와 함께하시는 아버지 감사합니다.
소중한 자녀를 맡겨 주셔서 아름다운 시간을 주신 아버지 감사합니다.
때로는 감당하기 어려운 때도 있음을 주님께 고백합니다.
그러나 그 어려움으로 인해 아버지를 이해하게 하시니 감사합니다.
자녀로 인해 버거운 시간을 통해 나를 돌아보게 하시니 감사합니다.

어려움을 만날 때 자녀를 탓하기 전에 나를 돌아보게 하소서.
우리 가정 가운데 주신 어려움으로 인정하고 비난을 멈추게 하소서.
우리 모두 함께 해결해 가야 하는 일임을 알게 하소서.
인생을 처음 살아가는 길 가운데 얼마나 많은 어려움이 있겠습니까.
부모의 눈으로 문제의 크기를 보지 않고,
자녀의 눈으로 문제의 크기를 보게 하소서.
가족 간에 항상 유쾌하고 좋은 관계를 맺게 하소서.
말에, 표정에, 태도에 항상 사랑을 담게 하소서.
그래서 자녀가 어려운 순간에 망설이지 않고 부모와 대화하게 하소서.

> "선을 행하고 선한 사업을 많이 하고
> 나누어 주기를 좋아하며 너그러운 자가 되게 하라"
>
> (딤전 6:18)

말하지 않은 자녀의 탓이 아니라,
말을 못 하게 만든 부모의 탓임을 회개합니다.
들어주기보다 혼을 먼저 냈음을 용서하소서.
내가 모든 잘못을 아버지 앞에 가지고 나갈 수 있는 것처럼
자녀가 자신의 모든 잘못을
부모에게 가지고 나올 수 있는 가족이 되게 하소서.
그들이 모든 죄를 가지고 품에 안길 수 있는
너그러운 부모가 되게 하소서.
나의 의지처가 되시는 예수 그리스도의 이름으로 기도합니다.
아멘!

Q 오늘 기도문을 읽고 부모인 나에게 필요한 은혜를 구해 보세요.

_____

_____

21. 세상의 어두운 가치관 속에서 온전한 지혜를 갖게 하소서

창조의 하나님 아버지,
말씀으로 모든 만물을 창조하시고 다스리시는 아버지 감사합니다.
하나님의 창조의 지혜를 닮아 이 땅에 살게 하신 아버지 감사합니다.
하나님의 형상을 가진 존재로 살아가고 있음이 영광입니다.
우리 가정에 허락하신 모든 사람이 그 지혜를 닮게 하소서.
하나님을 점점 닮아 가는 가족이 되게 하소서.

사랑하는 자녀에게 아버지의 지혜를 부어 주소서.
세상의 지혜를 가지게 하려는 노력의 반만이라도 닮아
하나님의 지혜를 알게 하는 부모가 되게 하소서.
부모인 내가 세상의 것을 배우게 하는 데
혈안이 되어 있음을 회개합니다.
말로는 하나님의 지혜가 최고라 하면서
삶은 온통 세상 것임을 고백합니다.
자녀가 하나님을 알지 못하고 하나님과 접촉하지 못하는데,
말로만 기도했습니다.

> "지혜는 그 얻은 자에게 생명 나무라
> 지혜를 가진 자는 복되도다"
>
> (잠 3:18)

어두워지는 세상의 가치관 속에서
자녀가 온전한 지혜를 갖게 하소서.
사람들의 소리에 흔들리지 않을 분명한 가치관을 갖게 하소서.
아버지를 닮기 위해 아버지를 알고 아버지와 동행하게 하소서.
지시와 잔소리 말고 하나님의 이야기를 해 주는 부모가 되게 하소서.
오늘도 자녀의 마음속에 주님이 가장 크게 자리 잡게 하소서.
아버지를 사랑하는 아이로 크게 하소서.
하나님을 붙잡고 폭풍 같은 세상에서
굳건하게 자라는 아이가 되게 하소서.
우리의 온전한 지혜가 되시는 예수 그리스도의 이름으로 기도합니다.
아멘!

Q 오늘 기도문을 읽고 하나님이 주신 자녀의 소중한 점을 써 보세요.

_____

_____

건강 하나만으로도 감사했던
첫 마음을 기억하게 하소서

은혜의 하나님 아버지,
날마다 부족함 없는 은혜로 함께하시는 아버지 감사합니다.
우리 가정 가운데 오늘도 풍성한 은혜를 부어 주소서.
우리에게 주신 은혜가 얼마나 대단한 것인지 잊지 않게 하소서.
첫 마음, 감사의 마음을 잊지 않고 날마다 감사가 넘치게 하소서.
자녀를 향한 마음도 늘 처음을 기억하게 하소서.

아이를 낳을 때는 그저 건강하기만 간절히 바랐는데,
크면서 마음이 변합니다.
조금 자라면 남들보다 더 크기를 바라고,
더 말도 잘하고, 더 똑똑하길 바랍니다.
공부를 시작하면 1등을 바라고, 졸업하면 좋은 직장을 바랍니다.
직장에 다니면 많은 연봉을 바라고,
과분한 최고의 배우자를 또 바랍니다.
끝도 없는 기도 제목이 과연 옳은 것인지 돌아보게 하소서.
건강 하나만으로도 감사했던 초심을 기억하게 하소서.

> "너희 안에 이 마음을 품으라
> 곧 그리스도 예수의 마음이니"
> (빌 2:5)

주님께 맡겨 드린다 하였으나 하나도 맡긴 것이 없음을 회개합니다.
하나님이 보시기에 진정 무엇이 필요한지 생각하고 기도하게 하소서.
이 아이에게 진정 필요한 것이 무엇인지 돌아봅니다.
더 비싼 것, 더 많은 것, 더 성공하는 것, 더 높은 것을 구해 주기보다
더 선한 것, 더 옳은 것, 더 영적인 것,
더 아름다운 것을 구하게 하소서.
자녀를 주님의 시선으로 키우게 하소서.
선하고 아름다우신 예수 그리스도의 이름으로 기도합니다.
아멘!

Q 오늘 기도문을 읽고 부모인 나에게 필요한 은혜를 구해 보세요.

자녀의 마음 가운데 참된 샬롬이 임하게 하소서

샬롬의 하나님 아버지,
아침마다 새로운 은혜와 평화를 주시는 아버지 감사합니다.
오늘 우리 가정 가운데 하나님의 평화가 임하게 하소서.
모든 것이 자신의 자리에서 빛을 발하게 하소서.
부모는 부모의 빛을, 자녀는 자녀의 빛을 발하게 하소서.
모두에게 평강한 날들이 되게 하소서.

십자가의 대가를 지불하고 우리를 사탄에게서 사신 주님을 찬양합니다.
우리가 샬롬할 수 있는 이유가 바로 이것입니다.
죄의 노예가 아니라 죄에서 자유를 얻었으니 그런 삶을 살게 하소서.
우리의 자녀가 죄의 노예가 되지 않게 하소서.
간혹 죄를 지을 수는 있으나 예수의 피로 벗어나는 능력을 허락하소서.
그들의 마음 가운데 참된 샬롬이 임하게 하소서.
가정이 평화의 보고가 되게 하소서.
샬롬을 잃어버리더라도 집으로 돌아오면 그것을 회복하게 하소서.
아이의 샬롬을 부모인 내가 빼앗는 일이 없게 하소서.

> "지극히 높은 곳에서는 하나님께 영광이요
> 땅에서는 하나님이 기뻐하신 사람들 중에 평화로다 하니라"
> (눅 2:14)

내가 안심하고 샬롬을 갖기 위해 아이의 샬롬을 강탈하지 않게 하소서.
나의 불안함을 잠재우려고 자녀를 강압하지 않게 하소서.
그들에게도 목표 말고 평안이 필요하고 즐거움이 필요합니다.
나이 들어 편하라고 어린 시절을 불행하게 만들지 않게 하소서.
모든 사람의 평강이 되시는 예수 그리스도의 이름으로 기도합니다.
아멘!

Q 오늘 기도문을 읽고 하나님이 주신 자녀의 소중한 점을 써 보세요.

---

24 나의 기대가 아버지의 계획을 넘지 않게 하소서

영원한 하나님 아버지,
언제나 새로운 소망으로 인도하시는 아버지 감사합니다.
우리 가정에 소망을 주시기 위해 자녀를 허락하심에 감사합니다.
주님이 자녀의 인생의 시작과 끝의 주관자가 되심을 인정합니다.
아버지의 마음속에 그들을 향한 놀라운 계획이 있음을 믿습니다.
자녀를 향한 나의 기대가 아버지의 계획을 넘지 않게 하소서.

내가 살아온 인생이 다가 아님을 먼저 주님 앞에 인정합니다.
'내가 살아보니 이래야 한다'라는 판단을 내려놓게 하소서.
그들을 사랑한다는 이유로
자녀에게 내 기대를 강요하지 않게 하소서.
내가 했던 삶의 실수를 만회하려고
자녀에게 내 기대를 강요하지 않게 하소서.
하나님이 가진 그들을 향한 완전한 계획을 믿고 내어 맡깁니다.
내가 상상하지 못한 크고 놀라운 자녀의 인생을 바라보게 하소서.
자녀의 인생을 축복하며 기도합니다.

> "여호와의 계획은 영원히 서고
> 그의 생각은 대대에 이르리로다"
> (시 33:11)

하나님이 일하여 주소서.
내가 보지 못한 놀라운 일을 그들에게 행하여 주소서.
나의 삶과 전혀 다른, 또 하나의 아름다운 삶을 이루게 하소서.
자녀의 삶의 주인은 하나님과 그들 자신임을 인정합니다.
그러니 그들의 마음에 말씀하여 주소서.
주님의 음성을 듣고 순종하여
그들이 아름다운 인생을 만들어 가게 하소서.
하나님이 전적으로 일하시는 아름다운 인생으로 만들어 주소서.
나의 주 예수 그리스도의 이름으로 기도합니다.
아멘!

Q 오늘 기도문을 읽고 부모인 나에게 필요한 은혜를 구해 보세요.

_____

_____

25. 다툼이 있었거든 서로 용서하게 하소서

하나님 아버지,
오늘도 새로운 은혜로 가득 채우시는 아버지 감사합니다.
아침마다 주시는 새로운 은혜가
가족 한 사람 한 사람 모두에게 임하게 하소서.
어제까지의 모든 어두움은 물러가게 하소서.
다툼이 있었거든 서로 용서하게 하소서.
상처를 주고받았다면 각자 회개하고 다시 사랑하게 하소서.

가장 먼저 우리 가정이 서로 사랑하길 원합니다.
사랑은 절대 말만으로 할 수 없는 것임을 고백합니다.
하나님이 말로만 우리를 사랑하지 않으신 것처럼
우리도 행함으로 하길 원합니다.
자녀를 대할 때 하나님이 나에게 하신 것처럼 하게 하소서.
언제나 나의 잘못을 묻기보다 먼저 안아 주셨던 주님을 기억합니다.
가장 도망가고 싶을 때도
주저 없이 나를 받아 주셨던 주님을 기억합니다.

> "누가 누구에게 불만이 있거든 서로 용납하여 피차 용서하되
> 주께서 너희를 용서하신 것 같이 너희도 그리하고"
>
> (골 3:13)

그런 마음으로 자녀를 받아 주게 하소서.
가장 따뜻한 마음으로 인정해 주고, 받아 주겠습니다.
그럴 때 자녀도 따뜻한 마음을 보고 배울 것이라 믿습니다.
이 가정이 무엇보다 따뜻한 가정이 되게 하소서.
자녀의 마음이 주님을 닮아 따뜻하길 원합니다.
부모인 내가 먼저 따뜻해지고, 그것을 보고 자녀도 배우게 하소서.
언제나 가장 힘들 때 부모의 품에 달려오는 자녀가 되게 하소서.
넉넉한 품이 되어 주시는 예수 그리스도의 이름으로 기도합니다.
아멘!

Q 오늘 기도문을 읽고 하나님이 주신 자녀의 소중한 점을 써 보세요.

2

그때와 지금

부모가 되니 억울했습니다. '나도 이유가 있는데, 모든 순간 자녀를 만족시키지 못하는 부모는 죄인인가?'라는 생각을 하곤 했습니다. 그럴 때마다 나의 어린 시절을 떠올렸습니다. 그 나이로 돌아가 그때의 마음으로 생각하면, 모든 것은 어른이자 능력 있는 부모의 잘못이었습니다. 오늘도 나는 부모이지만 어린 시절 나를 기억하며 사랑을 훈련합니다.

_김민정 저, 『쉬며 읽으며 쓰며』 중에서

돈 아래 머물지 않고
돈을 다스리게 하소서

하나님 아버지,
오늘도 아버지를 부를 수 있는 자격을 주심에 감사합니다.
가장 먼저는 우리 가족의 구원을 허락하여 주소서.
가까운 가족부터 하나님을 사랑하는 아버지의 자녀가 되게 하소서.
그래서 매일 아버지와 동행하는 감격을 허락하소서.
오늘도 구원받지 못한 가족을 위해 기도합니다.

우리 자녀가 이 혼란한 시대에 분별의 능력을 갖게 하소서.
무엇이 선이고 무엇이 악인지 분별이 되지 않는 시대를 살아갑니다.
하나님이 주신 총명함으로 사리를 분별하는 지혜를 허락하소서.
다른 사람들의 눈치를 보느라 하나님을 무시하지 않게 하소서.
남들에게 인정받기 위해 자신을 무시하지 않게 하소서.
돈이면 무엇이든지 용납되는 세상에서 돈을 다스리게 하소서.
돈 아래 머물며 돈으로 인해 자존감이 떨어지지 않게 하소서.
돈에 눌리거나 기죽지 않게 하시고,
돈으로 교만하거나 욕심부리지 않게 하소서.

> "그들에게 이르시되 삼가 모든 탐심을 물리치라
> 사람의 생명이 그 소유의 넉넉한 데 있지 아니하니라 하시고"
> (눅 12:15)

하나님이 주신 나의 분깃에 감사할 줄 아는 사람이 되게 하소서.
내가 부모로서 자녀에게 올바른 가치를 가르치게 하소서.
우리 가정이 하나님의 총명으로 분별력을 갖게 하소서.
하나님의 자녀라는 자신감으로 이 세상에서 기죽지 않게 하소서.
모든 것을 주시는 이가 하나님이심을 믿고 신뢰합니다.
나의 모든 것이 되시는 예수 그리스도의 이름으로 기도합니다.
아멘!

Q 오늘 기도문을 읽고 부모인 나에게 필요한 은혜를 구해 보세요.

 주어진 모든 것이 당연하다
여기지 않게 하소서

하나님 아버지,
모든 생명의 근원이 되시는 하나님을 찬양합니다.
우리에게 생명을 허락하시고 건강을 주신 아버지 감사합니다.
살면서 내게 주어진 모든 것이 당연하다고 여기지 않게 하소서.
우리의 시선이 늘 가지지 못한 것에 고정되어 있음을 회개합니다.
그래서 오늘 살아 있고 건강한 것을 당연하게 여겼음을 용서하소서.

오늘 가족 모두가 살아있는 것이 기적임을 고백합니다.
우리가 모두 건강한 것은 더 큰 기적임을 고백합니다.
사랑하는 자녀에게 일평생 건강함을 허락하소서.
건강한 육체 가운데 더욱 건강한 영혼을 허락하소서.
그들의 마음이 병들지 않도록 하나님이 함께하여 주소서.
수많은 난관을 만날 때마다 주님이 붙들어 주소서.
그래서 흔들림 없는 믿음으로 자신의 마음을 붙들게 하소서.
하나님이 지켜 주시기 때문에 실망할 수 없음을 알게 하소서.
다른 사람들의 무시하는 말에 귀 기울이지 않게 하소서.

"사랑하는 자여 네 영혼이 잘됨 같이
네가 범사에 잘되고 강건하기를 내가 간구하노라"
(요삼 1:2)

정죄하고 자존감을 무너뜨리는 사탄의 소리를 거절하게 하소서.
매일 자녀에게 자신이 얼마나 소중한 존재인지 알려 주길 원합니다.
부모인 우리가 가장 먼저 인정하고 존중하게 하소서.
그 자신감으로 험한 세상에서 승리하게 하소서.
우리를 귀히 여기시는 예수 그리스도의 이름으로 기도합니다.
아멘!

Q 오늘 기도문을 읽고 하나님이 주신 자녀의 소중한 점을 써 보세요.

_____

_____

28. 부모가 상처를 주는 주체자가 되지 않게 하소서

미래의 하나님 아버지,
사랑하는 가족들을 지키시는 아버지 감사합니다.
시간과 공간을 초월하시는 성령님의 은혜가
가족 모두에게 임하게 하소서.
오늘도 사랑하는 자녀가 건강함에 감사합니다.
너무 많은 것을 바라지 않고 모든 것에 감사하는 부모가 되게 하소서.
자녀의 모든 것에 감사를 드립니다.

자녀의 하루하루가 기쁘고 감사한 날이 되기를 원합니다.
우리는 과거와 현재가 길었고 미래가 적게 남았지만,
자녀에게는 미래가 훨씬 더 길고 아름답길 소망합니다.
그들의 현재가 아름답게 쌓여 가도록 부모인 우리가 돕게 하소서.
오늘도 그들의 기억에 즐겁고 아름답게 남게 하소서.
비싸고 좋은 호텔이어야 하고, 먼 여행길이어야 하는 것이 아닙니다.
거창한 휴가나 이벤트가 아니라
그저 일상인 오늘이 즐거운 날이 되게 하소서.

> "이러므로 나의 마음이 기쁘고
> 나의 영도 즐거워하며 내 육체도 안전히 살리니"
> (시 16:9)

수고를 이해해 주는 따뜻한 포옹과 격려의 말이 있게 하소서.
내심 없는 환한 웃음과 맛있는 간식이 사랑으로 느껴지게 하소서.
웃고 즐기는 순간이 자녀만이 아니라
우리 모두의 기쁨임을 알게 하소서.
오늘, 그리고 현재가 자녀에게 눈물이 되지 않게 하소서.
부모가 상처를 주는 주체자가 되지 않게 하소서.
밖에서 받은 상처를 말없이 품어 주는 부모가 되게 하소서.
자녀의 미래가 되시는 예수 그리스도의 이름으로 기도합니다.
아멘!

Q 오늘 기도문을 읽고 부모인 나에게 필요한 은혜를 구해 보세요.

_____

_____

 ## 인정에 목마른 불면증 환자로 만들지 않게 하소서

하나님 아버지,
인생의 모든 과정을 인도하시는 아버지 감사합니다.
오늘도 우리를 놓치지 않고 언제나 주목하여 보시는 아버지 감사합니다.
그 믿음을 가지고 오늘도 담대하게 하소서.
하나님 앞에 자녀의 모든 시절을 맡길 수 있게 하소서.
어린 시절을 지나 성인이 되어 가는 모든 때를 맡겨 드립니다.

나의 관점으로 자녀를 판단하거나 틀에 끼워 넣지 않게 하소서.
아이가 즐겁게 놀 때
그것으로 아이를 나태하다 판단하지 않게 하소서.
아이가 숙면할 때 그것으로 아이를 게으르다 단정 짓지 않게 하소서.
웃을 수 있음에 감사하고, 잘 잘 수 있음에 기뻐하게 하소서.
성공한 어른을 목표로 삼느라
어린 시절을 불행하게 만들지 않게 하소서.
그들을 위한다는 명목으로
자녀를 늘 긴장하고 두려워하는 삶으로 몰지 않게 하소서.
성적을 두려워하고 인정에 목마른 불면증 환자로 만들지 않게 하소서.

> "너는 그들을 두려워하지 말라 너희의 하나님 여호와
> 곧 크고 두려운 하나님이 너희 중에 계심이니라"
>
> (신 7:21)

남을 밟고 올라서더라도 성공해야 하는
이기적인 사람으로 만들지 않게 하소서.
모든 것을 가질 수 없다면
무엇이 내 아이를 정상적으로 만드는지 고민하게 하소서.
아버지여, 내가 아이를 불행하게 만드는 부모가 되지 않게 도우소서.
자녀의 어린 시절이 얼마나 소중한 시간인지요.
일평생 추억으로 먹고 살 수 있는 아름다운 시간이 얼마나 절실한지요.
건강한 성인이 되기 위해
지금 사랑, 용납, 행복의 토대를 만들어 주게 하소서.
모두의 행복을 기뻐하시는 예수 그리스도의 이름으로 기도합니다.
아멘!

Q 오늘 기도문을 읽고 하나님이 주신 자녀의 소중한 점을 써 보세요.

다른 사람들과 공존하는 기쁨을 누리며 살길 원합니다

하나님 아버지,
언제나 우리를 혼자 두지 않으시는 아버지 감사합니다.
가족을 허락하시고 자녀를 주신 아버지를 찬양합니다.
모든 인간이 더불어 화목하기를 기뻐하시는 아버지,
우리 가정도 더불어 행복하게 하시고 화목하게 하소서.
함께 사는 법을 어른이나 아이 할 것 없이
서로 배우고 실천하게 하소서.

사랑하는 자녀가 함께 사는 법을 잘 배우길 원합니다.
다른 사람들과 함께 사는 기쁨을 온전히 누리길 원합니다.
혼자만 살아남아서는 절대로 행복할 수 없음을 알게 하소서.
배려하고 양보하는 법을 배우게 하소서.
그것이 빼앗기는 것이 아니라 나누는 기쁨이라는 것을 알게 하소서.
우리 가족의 삶 가운데 남을 향한 사랑과 배려가 나타나기를 원합니다.
그래서 우리 자녀에게 그것이 당연한 것이 되기를 원합니다.
이웃과 잘 지내는 법, 친구와 즐겁게 나누는 법을 알게 하소서.

> "즐거워하는 자들과 함께 즐거워하고
> 우는 자들과 함께 울라"
> (롬 12:15)

하나님이 언제나 우리와 함께하시며 우리를 지켜 주시듯
우리의 삶도 약한 자들과 함께하고 그들을 지켜 주게 하소서.
하나님이 허락하신 모든 공동체 안에서
그들을 화목하게 만드는 사람이 되게 하소서.
다른 사람이 있어서 귀찮은 것이 아니라 기뻐하는 아이가 되게 하소서.
자존감을 지키며 공존하는 법을 잘 배우는 자녀가 되게 하소서.
나의 친구가 되시는 예수 그리스도의 이름으로 기도합니다.
아멘!

Q 오늘 기도문을 읽고 부모인 나에게 필요한 은혜를 구해 보세요.

---

31 하나님이 주신 공동체 안에서 선한 역할을 하게 하소서

하나님 아버지,
오늘도 우리의 모든 삶을 인도해 주시는 아버지 감사합니다.
하나님의 이끄심 앞에 자녀의 삶을 올려 드립니다.
하나님의 리더십 앞에 온전히 순종하는 자녀가 되게 하소서.
자신이 다 읽어낼 수 없는 깊은 의도를 만날 때 겸손히 순종하게 하소서.
하나님의 높으심을 인정하는 자녀가 되게 하소서.

일평생 살면서 할 수 있거든 많은 사람을 돕는 자가 되길 원합니다.
전체를 보는 안목을 허락하여 주소서.
작은 것을 놓치지 않는 섬세함을 허락하소서.
그 무엇보다 사람들을 유익하게 하려는 동기를 갖게 하소서.
이 모든 것을 가지고 사람들을 선한 곳으로 인도하는 리더십을 주소서.
자녀의 삶 가운데 좋은 리더십, 선하고 아름다운 리더십을 갖게 하소서.
만약 리더십이 없다면 화목하고 선한 마음을 주소서.
나보다 높아진 사람을 끌어내리려는 시기심이 없게 하소서.
모두에게 유익한 것을 잘 살펴 그것을 귀히 여기는 마음을 갖게 하소서.

> "이로써 그리스도를 섬기는 자는
> 하나님을 기쁘시게 하며 사람에게도 칭찬을 받느니라"
> (롬 14:18)

모두가 리더가 될 필요는 없으니 주어진 것에 감사하게 하소서.
하나님이 주신 공동의 삶의 섭리 안에서 선한 역할을 하게 하소서.
우리 자녀의 마음 가운데 선하고 아름다운 하나님의 뜻을 품게 하소서.
모두에게 유익한 것을 선택하는 마음을 허락하소서.
모두의 행복을 기뻐하시는 예수 그리스도의 이름으로 기도합니다.
아멘!

Q 오늘 기도문을 읽고 하나님이 주신 자녀의 소중한 점을 써 보세요.

_____

_____

 ## 피하고 도망가는 인생이
되지 않게 하여 주소서

하나님 아버지,
오늘도 생명을 주셔서 살게 하시고 존재하게 하신 아버지 감사합니다.
생명이 주님의 손에 있으니 오늘 하루도 기적임을 믿습니다.
매일을 살면서 피하고 도망가는 인생이 되지 않게 하여 주소서.
사랑하는 자녀의 삶을 대할 때 피하는 삶으로 인도하지 않게 하소서.
무엇이든 조심하라고만 가르치느라
도망 다니는 사람으로 만들지 않게 하소서.

피할 것은 피해야 하지만, 늘 피하기만 하는 인생이 되지 않게 하소서.
자녀의 삶이 용감하고 도전하며 긍정적이길 원합니다.
어린 시절부터 부모의 입에서 두려움만 듣지 않게 하소서.
나의 입술을 지켜 주소서.
이 세상에 아름다운 것들, 가치 있는 것들,
살아볼 만한 것들이 많음을 알려 주게 하소서.
부모인 나의 생각과 나의 삶이
피하고 도망 다니는 삶은 아닌지 돌아봅니다.

> "악인은 쫓아오는 자가 없어도 도망하나
> 의인은 사자 같이 담대하니라"
> (잠 28:1)

더러워서 피하고, 두려워서 피하고,
안전하려 피하고만 있지는 않은지요.
더러우면 씻어내고, 두려우면 도전하고, 안전하려면 강해지게 하소서.
어떤 상황에서도 주도적인 인생이 되게 하소서.
선택받기만을 기다리지 않고, 선택하는 인생이 되게 하소서.
하나님이 주신 많고 좋은 것들을 위해 달려가는 삶이 되게 하소서.
나쁜 것만 바라보게 만드는 것이
결국 나의 태도와 언어임을 고백합니다.
부모인 우리의 입술을 정결케 하시고 감사하는 인생이 되게 하소서.
자녀의 삶을 아름답게 인도하시는
예수 그리스도의 이름으로 기도합니다.
아멘!

Q 오늘 기도문을 읽고 부모인 나에게 필요한 은혜를 구해 보세요.

 ## 올바르게 회복하는 법을 배우게 하소서

회복의 하나님 아버지,
모든 피곤함과 지침을 회복시키시는 아버지 감사합니다.
아버지께 어그러진 모든 것을 회복시키는 능력이 있음을 믿습니다.
지쳐 쓰러진 우리를 일으켜 주소서.
손상되고 망가진 관계가 있다면
하나님의 시간 안에 던져 넣습니다.
하나님의 손으로 각자의 마음을 만져 주소서.

그 시간 안에 모든 것이 회복되고 다시 기회를 주시는 줄 믿습니다.
사랑하는 자녀도 하나님 안에서 회복하는 법을 배우게 하소서.
올바르게 회복하는 법을 배우게 하소서.
우리 가정은 어떻게 회복해 가는지 돌아봅니다.
쇼핑으로, 폭식으로, 폭음으로, 잠적으로, 분노로 풀지 않게 하소서.
보여 주는 것이 말하는 것보다 더 큰 힘이 있음을 믿습니다.
우리 가정의 나쁜 습관을 버리게 하소서.
모든 회복이 하나님께 있음을 온 가족이 믿고 행하게 하소서.

> "무리를 둘러보시고 그 사람에게 이르시되
> 네 손을 내밀라 하시니 그가 그리하매 그 손이 회복된지라"
>
> (눅 6:10)

망가진 모든 것을 가지고 하나님 앞에 가는 삶이 되게 하소서.
그래서 사랑하는 자녀도 항상 아버지 앞에 가는 것을 배우게 하소서.
자녀의 입술이 언제나 아버지를 부르게 하소서.
그들의 마음에 평안을 주는 존재가 주님이 되게 하소서.
아버지의 손안에서 가장 온전한 회복을 누리는 삶이 되게 하소서.
우리의 회복이 되시는 예수 그리스도의 이름으로 기도합니다.
아멘!

Q 오늘 기도문을 읽고 하나님이 주신 자녀의 소중한 점을 써 보세요.

_____

_____

34. 자녀의 삶도 실수할 권리가 있음을 인정하게 하소서

기회의 하나님 아버지,
하나님의 사랑으로 귀한 자녀를 주신 아버지 감사합니다.
자녀를 키울 기회를 주심에 감사합니다.
때로는 감당이 안 되고 버거울 때도 있음을 고백합니다.
그러나 그것이 후회가 아니라 잠시의 탄식임을 고백합니다.
선물과 같은 기회 안에 담긴 고난임에 감사합니다.

자녀의 탄생은 일시적인 기쁨과 감사가 아니라 동행임을 알게 하소서.
그들과 더불어 살아가는 삶과 여정임을 인정합니다.
언제 이 뒤치다꺼리가 끝날까 생각하지 않게 하소서.
함께 살아가는 여정 속에서 기쁨과 아픔을 함께하며 성장하게 하소서.
자녀만 성장하는 것이 아니라 부모가 더 성장함을 감사하게 하소서.
자녀의 실수를 바라보는 눈을 바꾸길 원합니다.
내가 더 잘해줘서, 내가 더 감당해서
그들을 완벽하게 만들려 하지 않게 하소서.
자녀를 향한 과욕이며 탐욕임을 회개합니다.

> "고난 당한 것이 내게 유익이라
> 이로 말미암아 내가 주의 율례들을 배우게 되었나이다"
> (시 119:71)

그들은 그들의 삶이 있으니
보호를 넘어서는 것은 월권임을 인정하게 하소서.
그들도 실수를 통해 배워갈 수 있도록 배려하게 하소서.
자신의 삶을 살아가도록, 건강한 자아를 갖도록 돕길 원합니다.
부모의 안타까움이 그들의 주도성을 빼앗지 않게 하소서.
자녀의 삶도 실수할 권리가 있음을 인정하게 하소서.
그리고 용감하게 다시 일어서는 법을 가르치게 하소서.
나의 실수를 선으로 바꿔 주셨던
예수 그리스도의 이름으로 기도합니다.
아멘!

Q 오늘 기도문을 읽고 부모인 나에게 필요한 은혜를 구해 보세요.

하나님 안에 모든 가능성이 있음을 믿습니다

아바 아버지 하나님,
언제나 우리의 아버지가 되어 주시는 하나님 감사합니다.
외롭고 힘든 시간을 지날 때도
진정한 위로자가 되어 주심에 감사합니다.
우리 가정의 온전한 아버지가 되어 주소서.
육신의 아버지와 어머니가 있지만,
모든 순간 참된 아버지가 되어 주소서.
나의 자녀의 진정한 보호자가 되어 주소서.

사랑하는 자녀의 모든 가능성이 되어 주시는 아버지 감사합니다.
인간을 보면 낙심할 것밖에 없지만, 하나님은 소망이 되심을 믿습니다.
약하기 그지없고 부족한 것투성이인 나를 그리 인도하셨습니다.
나를 바라보면 실망할 것투성이지만 하나님이 계셔서 이리 살았습니다.
나의 자녀의 인생도 아버지가 소망이 되어 주소서.
하나님의 형상을 닮았다면
반드시 자녀의 내면도 그러하리라 믿습니다.
그 안에 있는 하나님의 형상을 발견하고 찾아가는 삶이 되게 하소서.

> "소망 중에 즐거워하며
> 환난 중에 참으며 기도에 항상 힘쓰며"
> (롬 12:12)

나의 잣대로 판단하거나 재단하지 않고
아버지의 가능성에 맡기게 하소서.
자신이 무엇을 가졌는지 일찍 발견할 수 있기를 소망합니다.
자신을 자랑스러워하는 자녀가 되게 하소서.
하나님 안에 모든 가능성이 있음을 믿습니다.
아버지께서 포기하지 않으셨는데,
부모인 내가 먼저 포기하지 않게 하소서.
내가 보고 싶은 것만 보지 않고 보이지 않는 면을 찾아내게 하소서.
모든 이의 소망이 되시는 예수 그리스도의 이름으로 기도합니다.
아멘!

Q 오늘 기도문을 읽고 하나님이 주신 자녀의 소중한 점을 써 보세요.

# 사람을 바라보는 시선이
넓고 크게 하소서

하나님 아버지,
모든 피조물의 주인이 되시는 아버지를 찬양하고 감사를 드립니다.
내가 아버지의 소유이며 우리 가정이 그러함에 감사를 드립니다.
넓고 크신 아버지가 매우 사랑하는 자녀임에 감사를 드립니다.
우리 자녀의 삶도 아버지의 품 안에서 그 사랑을 누리게 하소서.
무엇이든 하나님의 눈으로 바라보는
아름다운 시선을 허락하소서.

크신 아버지의 마음을 닮아 세상을 넓게 보기를 원합니다.
사람들을 바라볼 때 그들의 단점만을 바라보지 않게 하소서.
사람을 바라보는 시선이 넓고 크게 하소서.
다른 사람들의 형편과 사정을 바라볼 수 있는 긍휼의 눈을 허락하소서.
이해하고 용납하여 사람을 미워하지 않는 마음을 허락하소서.
이기심을 버리게 하소서.
그래야 스스로가 행복해질 수 있습니다.
미움을 버리게 하소서.
그래야 스스로가 자유로울 수 있습니다.

> "그러므로 너희는 하나님이 택하사 거룩하고 사랑 받는 자처럼
> 긍휼과 자비와 겸손과 온유와 오래 참음을 옷 입고"
>
> (골 3:12)

남을 위한 삶에 인색하지 않아 주변이 행복한 사람이 되게 하소서.
세상을 바라보는 눈을 아름답게 하셔서
마음이 행복한 사람이 되게 하소서.
표면만이 아니라 이면을 볼 줄 아는 깊은 사람이 되게 하소서.
아버지의 마음을 닮은 따뜻한 사람이 되게 하소서.
나의 주 예수 그리스도의 이름으로 기도합니다.
아멘!

Q 오늘 기도문을 읽고 부모인 나에게 필요한 은혜를 구해 보세요.

_____

_____

화목하게 하는 자가 되게 하소서

하나님 아버지,
우리를 화목하게 하려 예수 그리스도를 보내신 아버지 감사합니다.
예수님의 희생으로 우리가 영생을 얻고 구원의 삶을 누림에 감사합니다.
하나님의 자녀로서 어디에 가든지 화목하게 하는 자가 되게 하소서.
우리 가정이 한 사람 한 사람 화목의 사명을 갖게 하소서.

내가 가는 곳에 불화와 험담이 있었다면 그 모든 것을 회개합니다.
나의 입술이 다른 사람을 판단하는 데 빨랐다면
나의 입술을 정결하게 하소서.
행여 나의 자녀가 나의 말을 닮아 누군가를 폄하할까 두렵습니다.
보고 배우는 모든 것을 조심하게 하시고 함께 변화하게 하소서.
자녀만 가르치려 들지 않고, 자신부터 변화하는 부모가 되게 하소서.
나의 자녀가 이렇게 살아갔으면 하는 모습이 있다면
내가 먼저 그리 살게 하소서.
말로 하는 가르침이 아니라 삶으로 보여 주고 따라 살게 하소서.
내가 안 되는 것을 자녀에게 강요하지 않게 하소서.

> "화평하게 하는 자는 복이 있나니
> 그들이 하나님의 아들이라 일컬음을 받을 것임이요"
> (마 5:9)

내가 먼저 어느 곳에서나 피스메이커가 되어
기쁨을 주는 사람이 되게 하소서.
나는 가정에서 배우자를 향해, 자녀를 향해
기쁨이 되는지 돌아보길 원합니다.
가장 먼저 우리 가정이 화목의 본이 되기를 원합니다.
불화를 해결하는 올바른 방법을 보여 주게 하소서.
나는 소리를 지르면서 자녀에게 조용히 말하라고 하지 않게 하소서.
참된 피스메이커가 되신 예수 그리스도의 이름으로 기도합니다.
아멘!

Q 오늘 기도문을 읽고 하나님이 주신 자녀의 소중한 점을 써 보세요.

_____

_____

실패가 끝이 아니라 배움임을 알게 하소서

하나님 아버지,
아침마다 아버지의 기쁨을 부어 주시는 하나님 감사합니다.
우리 삶의 기쁨이 아버지에게서 나옴을 인정하고 찬양합니다.
자녀의 삶이 날마다 기쁜 날이 되게 하소서.
자신의 생활에서 기쁨을 찾지 못한 날,
더욱 아버지의 기쁨을 구하게 하소서.
언제나 소망이 있고, 언제나 활력이 있는 삶으로 인도하소서.

인생을 어떻게 생각하느냐에 따라 하루하루의 삶이 달라짐을 믿습니다.
자녀의 하루하루가 하나님으로 인해 긍정적이게 하소서.
실패가 끝이 아니라 배움임을 알게 하소서.
무엇보다 내가 실패를 두려움으로 바꿔 놓지 않게 하소서.
그들의 실수를 인정하고 즐거워하는 부모가 되기를 원합니다.
실패하면 큰일이 난다고 겁주는 일을 멈추게 하소서.
인생은 실패를 쌓아 딛고 일어서는 것임을
내가 먼저 인정하게 하소서.

> "무릇 징계가 당시에는 즐거워 보이지 않고 슬퍼 보이나
> 후에 그로 말미암아 연단 받은 자들은 의와 평강의 열매를 맺느니라"
> (히 12:11)

나도 그렇게 살았으면서 자식만큼은
절대로 실패하지 않게 하려는 억지를 버립니다.
아프지만 그들의 실패를 바라보며
단단한 디딤돌을 만들어 주게 하소서.
그래서 실패를 아프게 받아들이기보다
의미 있게 받아들이는 법을 가르치게 하소서.
괜찮다고, 다시 할 수 있다고, 더 성장하는 것이라고 격려하게 하소서.
오늘도 작은 실수, 큰 실수 모두 괜찮다고 격려하게 하소서.
실패를 두려워하지 않고 도전하는,
재미있는 인생으로 인도하여 주소서.
세상의 눈에 실패의 십자가로 우리를 구원하신
예수 그리스도의 이름으로 기도합니다.
아멘!

Q 오늘 기도문을 읽고 부모인 나에게 필요한 은혜를 구해 보세요.

_____

_____

39 자녀의 주인인 양 행동했던 것을 용서하소서

하나님 아버지,
사랑하는 자녀를 주님께 올려 드립니다.
내가 낳았으나 아버지의 자녀임을 고백합니다.
내가 생명을 주었으나 애초에 그 생명이 아버지의 것임을 인정합니다.
내가 키우나 결국 성장하게 하시는 분은 아버지이십니다.
내가 아이의 주인인 양 행동했던 것을 용서하소서.

자녀의 인생의 방향을, 자녀의 삶의 태도를
내가 결정했음을 용서하소서.
자녀의 가치관을, 자녀의 옳고 그름을 내가 판단했음을 용서하소서.
나의 이름을 부르시고 이 땅으로 인도하신 아버지의 부르심이
사랑하는 나의 자녀를 향하여 동일함을 인정하고 감사합니다.
아버지께서 주신 아름다운 인생의 그림이
자녀에게 온전히 그려지게 하소서.
내가 본 것이 많지 않아 그나마 본 것 중에 좋은 것을 시키려 했습니다.
때로 나의 판단이 세상에 오염되어 있음을 잊고 자녀를 판단했습니다.

> "생명과 은혜를 내게 주시고
> 나를 보살피심으로 내 영을 지키셨나이다"
>
> (욥 10:12)

조금 더 아버지께 맡기겠습니다.
이 아이를 어떻게 만드셨는지 알려 주소서.
내 자녀를 어떻게 인도해야 옳은지 지혜를 허락하소서.
그들의 진로를 결정할 때 두려움으로 기도하게 하소서.
소중한 한 영혼의 인생의 향방이 감히 내 손에 있지 않게 하소서.
모든 것을 아버지의 손에 맡기고, 늘 민감하게 그 뜻을 듣게 하소서.
언제나 말씀하시는 예수 그리스도의 이름으로 기도합니다.
아멘!

Q 오늘 기도문을 읽고 하나님이 주신 자녀의 소중한 점을 써 보세요.

_____

_____

바람의 시원함과 땅의 포근함을 알게 하소서

사랑의 하나님 아버지,
자연과 만물을 만드시고
그것을 인간에게 선물로 주신 아버지 감사합니다.
이 땅 가운데 얼마나 누릴 것이 많으며, 얼마나 감사한 것이 많은지요.
하나님이 주신 이 모든 것들이 자녀에게 기쁨과 선물이 되게 하소서.
주어진 것을 당연히 여기지 않고 감사하게 하소서.

바람의 시원함, 나뭇잎의 싱그러움, 동물의 사랑스러움을 알게 하소서.
바다의 광활함, 하늘의 높음, 땅의 포근함,
생물의 신비함을 알게 하소서.
힘들고 어려운 일도 많지만, 즐기고 감사할 일도 많음을 배우게 하소서.
그래서 모든 상황 속에서 유쾌함을 잃지 않게 하소서.
사랑스러운 아이로 크게 하시고, 따뜻한 어른으로 자라게 하소서.
하나님의 마음이 듬뿍 담긴 아름다운 사람이 되게 하소서.
모든 순간에 웃을 수 없더라도
어려울 때 미소 지을 수 있는 여유를 주소서.

> "하나님이 이르시되 물들은 생물을 번성하게 하라
> 땅 위 하늘의 궁창에는 새가 날으라 하시고"
> (창 1:20)

우리 가정이 그런 가정이 되기를 원합니다.
작은 일에 분노하고 남을 탓하며 원망하지 않게 하소서.
큰일에도 은혜를 찾고 감사하며 서로를 격려하는 가정이 되게 하소서.
자녀의 언어도, 생각도, 행동도 그러하게 하소서.
날마다 주님의 사랑 속에서
하루하루를 유쾌하게 살 줄 아는 사람이 되길 소망합니다.
기쁨을 발견하고 전달하는 기쁨의 전달자가 되게 하소서.
인생의 어려운 시간을 지날 때도
기쁨을 잃지 않고 꿋꿋이 이겨 나가게 하소서.
우리의 힘이 되시는 예수 그리스도의 이름으로 기도합니다.
아멘!

Q 오늘 기도문을 읽고 부모인 나에게 필요한 은혜를 구해 보세요.

_____

_____

41. 하루를 살아도 의미 있는 인생이 되기를 소망합니다

하나님 아버지,
날마다 우리를 도우시는 아버지 감사합니다.
오늘도 우리 가정을 지켜 주시고 자녀를 보호하여 주소서.
하루를 살아도 의미 있는 인생이 되기를 소망합니다.
우리에게 주어진 1초도 너무나 소중한 것임을 고백합니다.
이제까지 낭비한 시간을 용서하소서.

사랑하는 자녀의 삶이
하나님 앞에 의미 있는 시간이 되기를 소망합니다.
기왕에 사는 삶이라면 하나님 앞에 쓰임 받는 인생이 되게 하소서.
하나님이 존재하게 하신 사명을 발견할 수 있게 하소서.
우리 자녀의 이름을 불러 이 땅에 오게 하셨음을 믿습니다.
그렇다면 그 부르심에 합당한 삶을 살게 하소서.
무슨 일을 하든지 하나님을 의식하며 살게 하소서.
어떤 목표를 갖든지 그 목표 안에 아버지의 뜻이 있게 하소서.
하나님의 마음을 닮아 아버지를 기쁘시게 하는 인생이 되게 하소서.

> "여호와께 그의 이름에 합당한 영광을 돌리며
> 거룩한 옷을 입고 여호와께 예배할지어다"
>
> (시 29:2)

인간의 눈앞에 교회를 짓고 헌금을 많이 내는 종류의 헌신보다
하나님의 마음에 합한 삶의 태도를 갖게 하소서.
자녀의 하루가 아버지를 미소 짓게 하길 원합니다.
하나님이 '내가 너를 만들길 참 잘했다'라고
생각하실 삶이 되게 하소서.
사소하고 작은 것부터 아버지를 기쁘시게 하는 자녀가 되길 원합니다.
나의 주 예수 그리스도의 이름으로 기도합니다.
아멘!

Q 오늘 기도문을 읽고 하나님이 주신 자녀의 소중한 점을 써 보세요.

자녀의 단점에만 집중했던 시간을 회개합니다

하나님 아버지,
사람을 창조하시고 너무도 기뻐하신 아버지 감사합니다.
나의 모든 부족함과 상관없이 나를 사랑하시는 아버지 감사합니다.
하나님이 나의 자녀를 향하여 무한한 사랑을 주심에 감사합니다.
우리가 완벽해서 우리를 사랑하신 것이 아님에 감사합니다.
그래서 우리의 모든 부족함에도 불구하고
아버지의 사랑 앞에 나아갑니다.

하나님이 하셨던 그 창조의 역사처럼
저희 가정에 생명을 주심에 감사합니다.
자녀의 모습이 완벽해서 그들을 사랑하는 것이 아님을 믿습니다.
아버지께서 우리를 그렇게 사랑하셨던 것처럼 나도 그리하게 하소서.
사랑할 만한 일을 해야 사랑하겠다는 잘못된 마음을 버리게 하소서.
나는 하나님 앞에 사랑할 만한 존재가 아니면서
자녀에게만 강요했습니다.
자녀의 단점에 집중해 종일 그것만 묵상하고 있었음을 회개합니다.
그 단점을 어떻게 뜯어고칠까 고민하면서 시간을 보냈음을 용서하소서.

> "그러므로 내가 스스로 거두어들이고
> 티끌과 재 가운데에서 회개하나이다"
> (욥 42:6)

나의 단점은 하나도 고치지 않으면서
자녀의 단점은 고칠 수 있다고 생각합니다.
부모인 우리의 모습은 하나도 바꾸지 않으면서
자녀만 바뀌길 원합니다.
사랑이라는 이름으로 약점을 노출하고 자극하며
고치려 했음을 회개합니다.
내가 자녀였던 때를 기억하게 하소서.
그리고 역지사지의 마음으로
그들의 장점을 칭찬하고 즐거워하게 하소서.
하나님이 모든 약함을 아시고 사랑하신 것처럼 나도 그리하게 하소서.
나의 모든 것을 사랑하신 예수 그리스도의 이름으로 기도합니다.
아멘!

Q 오늘 기도문을 읽고 부모인 나에게 필요한 은혜를 구해 보세요.

_____

_____

43 악한 자들의 꾀에 넘어가지 않게 하소서

선하신 하나님 아버지,
우리 가족이 살아 숨 쉬게 하시고 안전하게 하시니 감사합니다.
매일 반복되는 일상 속에서
사건과 사고가 나지 않고 평범할 수 있음에 감사합니다.
이렇게 많은 날을 차를 타고 걷고
일하며 다니는 데도 안전함에 감사합니다.
때로 질병에 걸릴지라도 우리를 도우시리라 믿습니다.
때로 사고를 당할지라도 우리를 지키시리라 믿습니다.

우리 자녀가 가는 모든 길목마다 함께하소서.
나쁜 사람들로부터 자녀를 보호하여 주소서.
악한 자들의 손길이 닿지 못하게 하시며
그들의 꾀에 넘어가지 않게 하소서.
모든 학대와 착취와 핍박에서 아이를 지켜 주소서.
어느 곳에 가든지 좋은 사람들을 만나는 축복을 허락하소서.
마음이 강퍅한 자들로부터 피하게 하소서.
세상의 탐욕과 쾌락을 위한 유혹에서 도망치게 하소서.
본능적으로 나쁜 것을 분별할 수 있는 지혜를 허락하소서.

"주께서 그들을 주의 은밀한 곳에 숨기사 사람의 꾀에서 벗어나게 하시고
비밀히 장막에 감추사 말 다툼에서 면하게 하시리이다"
(시 31:20)

탐욕적인 손길을 거절할 용기를 주소서.
정의롭게 하시고 공의롭게 하소서.
이기심을 버리게 하시고 남을 돕는 착한 심성을 허락하소서.
다른 사람을 밟고 올라가기보다 함께 올라가는 길을 택하게 하소서.
악의 길에서 일평생 벗어나 주의 길을 따르는 자가 되게 하소서.
선한 길로 인도하시는 예수 그리스도의 이름으로 기도합니다.
아멘!

Q 오늘 기도문을 읽고 하나님이 주신 자녀의 소중한 점을 써 보세요.

44 남들과 똑같이 살도록 종용하지 않게 하소서

창조의 하나님 아버지,
세상을 놀랍도록 다양하게 만드신 아버지 감사합니다.
그 많은 사람과 그 많은 자연이
각자의 모습을 드러내며 살게 하시니 감사합니다.
서로의 다름이 잘못된 것이 아니라 원래 하나님의 뜻임을 인정합니다.
오늘도 나의 부딪힘으로 드러나는 다름 때문에 고민하지 않게 하소서.
다른 것이 당연한 것임을 인정하고 평안을 누리게 하소서.

하나님의 창조의 원리는 어느 것 하나도 똑같은 것이 없습니다.
그럼에도 우리는 다른 사람과 같은 사람이 되려고
아등바등하고 있습니다.
그래서 조급하고, 그래서 두려워함을 용서하소서.
다른 아이들과 같지 않은 나의 자녀 때문에
두려워했던 것을 회개합니다.
남들은 이렇게 하는데 너는 왜 그러냐며 다그쳤던 것을 용서하소서.
공부를 못하더라도 다른 것을 잘할 수 있는데
그것에는 만족하지 못했습니다.

> "여호와께서 이와 같이 말씀하시되 여러 나라의 길을 배우지 말라 이방 사람들은 하늘의 징조를 두려워하거니와 너희는 그것을 두려워하지 말라"
>
> (렘 10:2)

빨리 성취하는 인생이 아니어도
늦게 꽃 필 수 있음을 기억하게 하소서.
내가 원하는 때에 내가 원하는 만큼 이루기를 종용하지 않게 하소서.
하나님의 섭리를 벗어나 공부도 대학도 취업도 결혼도 출산도
남들 같기만을 바라며 밀어붙이지 않게 하소서.
공부가 주는 보장보다 하나님이 주시는 보장을
더 믿는 부모가 되게 하소서.
똑같은 인생을 살게 하려고 자녀의 모든 개성을 제거하지 않게 하소서.
부모의 안심을 위해 자녀를 희생시키지 않게 하소서.
있는 그대로를 받아 주신 예수 그리스도의 이름으로 기도합니다.
아멘!

Q 오늘 기도문을 읽고 부모인 나에게 필요한 은혜를 구해 보세요.

---

45. 부모가 언제나 내게 힘이 된다는 고백을 듣게 하소서

세우시는 하나님 아버지,
우리가 쓰러졌을 때 우리를 붙잡아 일으키시는 아버지 감사합니다.
좌절하여 넘어졌을 때도 언제나 곁에서 지키셨음을 고백합니다.
하나님이 계셔서 힘들고 어려운 때를
이겨 나갈 수 있었음에 감사합니다.
나의 인생을 그렇게 인도하셨듯이 자녀의 인생도 그리하여 주소서.
언제나 그들을 곁에서 붙들어 주소서.

나의 곁에서 나를 정죄하고 안 된다며 폄하하던 음성은
언제나 사탄의 음성이었습니다.
주님은 언제나 괜찮다고, 다시 할 수 있다고, 응원하고 변호하셨습니다.
하나님 안에 언제나 희망이 존재함에 감사를 드립니다.
그런 하나님이 동일하게 자녀의 하나님임에 감사합니다.
그리고 내가 그런 부모가 되기를 원합니다.
자녀의 귀에 정죄하거나 너는 그래서 안 된다는
말을 하고 있지는 않은지 돌아보게 하소서.
어쩌면 부모가 사탄의 목소리를 내고 있지는 않은지 회개하게 하소서.

> "오른손을 잡아 일으키니
> 발과 발목이 곧 힘을 얻고"
> (행 3:7)

자녀의 입에서 나의 엄마와 나의 아빠는
언제나 내게 힘이 된다는 고백이 나오게 하소서.
아이의 입에서 언제나 엄마의 도움으로
이겨 나갈 수 있었다는 고백이 나오게 하소서.
자녀의 삶에서 아빠 때문에 다시 용기를 냈다는 말이 나오게 하소서.
잘해서 주눅 들지 않는 것이 아니라,
못해도 주눅 들지 않게 힘을 주길 원합니다.
내가 했던 실수를 반복하기에 나의 자녀이고 인생임을 인정합니다.
다만 그들이 다시 일어나는 모습도 우리처럼 하나님 때문이게 하소서.
우리의 힘이 되시는 예수 그리스도의 이름으로 기도합니다.
아멘!

Q 오늘 기도문을 읽고 하나님이 주신 자녀의 소중한 점을 써 보세요.

은혜 없이 살 수 없는 존재가 되게 하소서

하나님 아버지,
날마다 새로운 은혜로 우리를 감싸시는 아버지 감사합니다.
하나님의 은혜는 과거가 아니라 현재임을 믿습니다.
오늘도 모든 순간에 맞는 은혜를 허락하여 주소서.
우리 가정 가운데 하나님의 일하심이 선명하게 나타나게 하소서.
자녀의 모든 순간에 넉넉한 은혜를 부어 주소서.

사랑하는 아이를 주님께 맡깁니다.
그들의 인생 가운데 가장 소중한 것들을 부어 주소서.
세상 그 무엇보다 소중한 하나님이 선물이 되어 주소서.
그들의 인생 가운데 하나님이 선물이 되어 온전히 임하여 주소서.
그래서 어떤 인간도 도울 수 없는 순간에
아버지께서 온전히 도와주소서.
부모라 할지라도 도울 수 있는 것에 한계가 있음을 고백합니다.
그들이 세상에서 무엇을 하는지 전혀 알 수 없는 것이 인간입니다.
하나님이 아니시면 자녀를 지켜낼 수 없습니다.
주님이 그들의 마음 깊은 곳마다, 그들이 가는 곳마다 동행하여 주소서.

> "여호와는 그의 얼굴을 네게 비추사
> 은혜 베푸시기를 원하며"
>
> (민 6:25)

어려운 순간에 돕는 손으로 함께하여 주소서.
은혜 없이 살 수 없는 존재가 되게 하소서.
하나님만을 뜨겁게 사랑하는 자녀로 성장하게 하소서.
아버지를 사랑하는 것이 자녀의 삶에 가장 큰 기쁨이 되게 하소서.
나의 주 예수 그리스도의 이름으로 기도합니다.
아멘!

Q 오늘 기도문을 읽고 부모인 나에게 필요한 은혜를 구해 보세요.

_____

_____

47 육체만이 아니라 영적인 공동체가 되길 원합니다

하나님 아버지,
우리의 영혼을 풍성하게 하시는 아버지 감사합니다.
우리의 몸은 육체를 가지고 살지만
모든 순간 영적인 존재임을 기억하게 하소서.
육신의 가족을 축복으로 주신 아버지 감사합니다.
나에게 가족이 있음에 감사하게 하소서.
때로는 나를 힘들게 하는 가족일지라도
나만의 가족을 주신 아버지께 감사를 드립니다.

우리 가정에 자녀를 주심에 감사합니다.
나에게 자녀가 있음을 당연하다 여기지 않게 하소서.
어떤 이들은 간절히 원해도 얻을 수 없는 축복임을 기억합니다.
자녀로 인해 힘들고 어렵다고 해서
나의 복을 말로 폄하하지 않게 하소서.
하나님의 축복을 축복답게 받아들이게 하소서.
우리 가정이 육체적인 공동체만이 아니라
영적인 공동체가 되길 원합니다.

> "평안의 매는 줄로
> 성령이 하나 되게 하신 것을 힘써 지키라"
> (엡 4:3)

영혼을 풍성하게 하시고 깊은 사랑의 나눔을 갖게 하시는
아버지께 구합니다.
부모와 자녀가 영적으로 사랑을 나누는 관계가 되게 하소서.
육신의 책임과 세상의 성공만을 나누는 관계로 전락하지 않게 하소서.
농담이라도 '없으면 좋았겠다'라는 말을 함부로 하지 않게 하소서.
어른인 부모로서 복된 공동체를 만들기 위해 노력하게 하소서.
자녀가 따라오지 않는다고 불평하기 이전에
우리의 삶이 먼저 변화되게 하소서.
정원을 가꾸듯 인내를 가지고 자녀와의 관계를 가꾸게 하소서.
우리를 축복하시는 예수 그리스도의 이름으로 기도합니다.
아멘!

Q 오늘 기도문을 읽고 하나님이 주신 자녀의 소중한 점을 써 보세요.

48 회개의 삶이 일상이 되게 하소서

용서의 하나님 아버지,
날마다 새로운 시작을 약속하시는 아버지 감사합니다.
하나님은 언제나 가능성이며, 희망이며, 출발입니다.
우리 가족의 모든 죄악을 오늘 십자가의 보혈로 깨끗하게 하여 주소서.
죄에 넘어지고 유혹에 빠져 죄를 범하였거든 지금 씻어 주소서.
그래서 흰 눈보다 더 깨끗한 영혼으로 다시 시작할 수 있게 도와주소서.

자녀에게 숨겨진 죄가 있거든 주님 용서하여 주소서.
그들에게 아직 신앙의 기준이 서지 않았으니 그들의 부족함을 돌보소서.
성장해 가면서 하나님 앞에 나아가 매일 속죄를 받게 하소서.
크고 작은 죄악들을 모두 주님 앞에 가지고 가서 회개하게 하소서.
수많은 죄책감이 그들을 괴롭힐 때 주님께서 자유를 허락하소서.
인간의 힘으로 모든 짐을 지고 살 수 없음을 고백합니다.
그래서 주님의 용서가 필요합니다.
어이없는 실수만이 아니라 교묘하고 의도적인 죄까지
주께 가져가게 하소서.
부모의 용서를 경험하면서 주님의 용서 앞에 나아가게 하소서.

> "내가 너희에게 이르노니 이와 같이 죄인 한 사람이 회개하면 하늘에서는
> 회개할 것 없는 의인 아흔아홉으로 말미암아 기뻐하는 것보다 더하리라"
>
> (눅 15:7)

매일 참된 사죄의 자유를 누리며 살게 하소서.

회개의 삶이 일상이 되게 하소서.

우리의 모든 짐을 가볍게 하시는 주님을 사랑합니다.

주님을 통해 얻을 수 있는 복 중에

사죄의 은총이 얼마나 큰지 배우게 하소서.

우리 자녀가 죄악을 들고 욥처럼 나아갈 때 은혜를 베풀어 주소서.

영혼의 자유를 주시는 예수 그리스도의 이름으로 기도합니다.

아멘!

Q 오늘 기도문을 읽고 부모인 나에게 필요한 은혜를 구해 보세요.

---

49 질병에 걸릴지라도 굳건하게 붙들어 주소서

치유의 하나님 아버지,
기도하는 이 시간이 참으로 감사합니다.
아뢸 수 있는 하나님이 계셔서 얼마나 감사한지 모릅니다.
나의 모든 사정을 아시는 주님께서
언제나 우리의 기도를 들어 주시니 감사합니다.
우리 가정을 긍휼히 여겨 주소서.
사랑의 눈으로 바라보시고 인도하여 주소서.

나의 자녀가 혹여 질병에 걸릴 때 주님께서 치유하여 주소서.
모든 것을 피해가길 소망하지만 모든 순간 그럴 수 없음을 인정합니다.
다른 사람들처럼 어쩔 수 없이 질병에 걸릴지라도
굳건하게 붙들어 주소서.
험한 사고로부터 지켜 주소서.
어떤 위기의 순간에도 하나님이 강건한 손으로 붙잡아 주소서.
건강과 재난과 사고에 대하여 자만하며 방만하지 않게 하소서.
조심하고 관리하고 자신을 소중하게 여기는 마음을 허락하소서.
자녀의 마음 가운데 자신의 몸을 지킬 줄 아는 경성함을 주소서.

> "마침 그 때에 예수께서 질병과 고통과 및 악귀 들린 자를
> 많이 고치시며 또 많은 맹인을 보게 하신지라"
>
> (눅 7:21)

하나님이 주신 몸을 부모인 우리가 소중히 다루는 것을
자녀가 보고 배우게 하소서.
아버지의 축복으로 허락하신 육체를
강건하게 지키는 가정이 되게 하소서.
그런데도 찾아오는 어려운 상황이 있다면 주님께서 지켜 주소서.
모든 인생이 겪는 섭리를 나만 피해 갈 수는 없음을 인정합니다.
그래서 더욱 주님을 의지하고 도움을 구합니다.
언제나 강건하게 붙드시는 예수 그리스도의 이름으로 기도합니다.
아멘!

Q 오늘 기도문을 읽고 하나님이 주신 자녀의 소중한 점을 써 보세요.

_____

_____

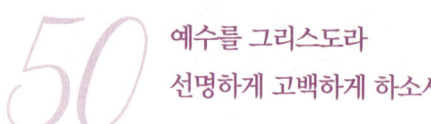

예수를 그리스도라 선명하게 고백하게 하소서

하나님 아버지,
높으신 하나님, 넓으신 하나님, 모든 것을 아시는 아버지를 찬양합니다.
우리를 하나님의 자녀로 삼아 주시니 감사합니다.
영적인 자녀가 된 특권이 얼마나 대단하고 감동적인지요.
이 기쁨과 감사가 우리 가족 모두의 것이 되기를 소망합니다.
사랑하는 자녀에게도 동일한 신앙을 허락하소서.

내가 예수 그리스도를 믿는 이 믿음으로 말미암아
자녀도 구원을 얻게 하소서.
그들의 마음과 입술로 예수를 그리스도라
선명하게 고백하게 하소서.
믿음은 기적과 같은 일인데 그 기적이 가장 먼저
우리 자녀에게 있기를 원합니다.
그들의 마음 가운데 찾아가 주소서.
건강하고 똑똑하고 즐겁고 성공하는 것도 중요하지만
무엇보다 영혼입니다.

"이르되 주 예수를 믿으라
그리하면 너와 네 집이 구원을 받으리라 하고"
(행 16:31)

그들의 영혼이 영적으로 가장 부요한 자가 되게 하소서.
하나님 없이는 살 수 없는 하나님의 사람으로 성장하게 하소서.
무엇보다 예배를 소중히 여기며, 예배를 즐겨 하는 신앙을 허락하소서.
예수 그리스도를 믿는 것이
얼마나 참되고 기쁜 일인지 가정에서 먼저 배우게 하소서.
나는 자녀에게 믿음이 즐거운 것임을 보여 줬는지 돌아봅니다.
예배가 참 기쁨이라는 것을 자연스럽게 보여 줬는지 돌아봅니다.
자녀의 신앙을 위해 내 신앙을 점검하게 하소서.
믿는 자의 삶을 몸소 보여 주신 예수 그리스도의 이름으로 기도합니다.
아멘!

Q 오늘 기도문을 읽고 부모인 나에게 필요한 은혜를 구해 보세요.

잘 지는 법

성경은 우리에게 리더가 되라고 명령하지 않습니다. 그런데 우리는 하나님의 영광을 위해 리더가 되어야 한다고 믿습니다. 어쩌면 우리의 교육은 여기서부터 잘못되었는지도 모릅니다. 따르는 법을 가르치지 않았고, 지는 법을 알려 주지 않았습니다. 협력하는 것이 멋진 일이라는 걸 가르쳐야 합니다. 잘 따르는 법, 잘 지는 법이 훨씬 더 성경적이라는 걸 부모가 먼저 알았으면 좋겠습니다. _김민정 저, 『쉬며 읽으며 쓰며』 중에서

51 자녀의 마음에 선한 소원을 허락하소서

길이 되시는 하나님 아버지,
우리 자녀의 길이 되어 주시는 아버지 감사합니다.
알게 모르게 매일매일 가는 모든 길을 인도하심을 믿습니다.
오늘도 자녀의 삶을 위하여 기도합니다.
낳기는 하였으나 그들의 길을 나도 알 수 없음을 고백합니다.
기르기는 하지만 좋은 길을 분별할 수 없음을 인정합니다.

진정으로 생명의 근원이 되시는 아버지 앞에 날마다 나아갑니다.
자녀가 하나님이 주시는
마음과 소원을 받아 자신의 길을 발견하게 하소서.
그들의 마음에 선한 소원을 허락하소서.
그리고 그것이 아버지께서 주신 것이라는 확신을 모두에게 주소서.
그래서 남들이 좋다는 길이 아니라
스스로 발견하는 자신의 길을 가게 하소서.
길을 일찍 찾는다고 좋은 것이 아님을 알게 하소서.
자녀의 마음 가운데 조급함을 버리고 늦어도 올바른 길을 찾게 하소서.

> "지식 없는 소원은 선하지 못하고
> 발이 급한 사람은 잘못 가느니라"
> (잠 19:2)

자신의 삶을 아름답게 꾸려갈 수 있는 주도성을 갖길 원합니다.
스스로 선택하며 책임지는 삶을 살 수 있게 하소서.
그러기 위해 어린 시절부터 그들의 선택을
존중하는 부모가 되게 하소서.
나의 조급함이 그들을 조급하게 했음을 회개합니다.
나의 불안함이 그들을 불안하게 했음을 용서하소서.
하나님을 진정으로 신뢰함으로 기다리고 발견하고 순종하게 하소서.
언제나 가장 좋은 길이 되시는 예수 그리스도의 이름으로 기도합니다.
아멘!

Q 오늘 기도문을 읽고 하나님이 주신 자녀의 소중한 점을 써 보세요.

지혜의 순서가 바뀌지 않게 하소서

지혜의 하나님 아버지,
말씀으로 천지만물을 창조하신 아버지를 찬양합니다.
이 세상의 모든 피조물이 하나님의 지혜로 만들어졌습니다.
그 넓고 크신 섭리와 능력과 지혜가
모두 아버지에게서 나옴을 고백합니다.
그 놀라우신 하나님의 능력과 지혜가 우리에게 임하기를 기도합니다.
사랑하는 우리 자녀에게 그 넘치는 지혜로 함께하여 주소서.

아버지께서 가지신 그 지혜와 총명을 자녀에게 부어 주소서.
공부를 잘하는 지혜, 인간관계에서 성공하는 지혜,
돈을 잘 버는 지혜만 가르치려 했습니다.
진정 삶을 운행하고 하나님의 뜻대로
순종하며 살아가는 지혜를 다시 구합니다.
아버지의 지혜 안에 이 세상에서 필요로 하는
모든 것이 포함되어 있음을 믿습니다.
하나님 앞에 총명하게 하소서.
하나님의 지식과 하나님의 지혜를 갖게 하소서.

> "너희가 즐겨 순종하면
> 땅의 아름다운 소산을 먹을 것이요"
>
> (사 1:19)

돈을 들여 학원을 보내고 컨설팅을 받는 등
세상의 성공을 위해 투자하면서,
그들의 영혼과 인생의 참된 성공을 위해서는 투자하지 않았습니다.
아버지의 지혜를 먼저 받게 하소서.
다니엘의 총명함이 그의 영혼과 세상에서의 영향력을
모두 갖게 한 것처럼, 그 지혜의 순서가 바뀌지 않게 하소서.
신앙이 좋아지면 세상에서 무능할 것이라는 착각을 버리게 하소서.
교회를 외면하더라도 너는 성공해야 한다는 다그침을 멈추게 하소서.
자녀의 삶을 내가 어떻게 인도하고 있는지
영적인 눈으로 다시 돌아보게 하소서.
참 지혜가 되시는 예수 그리스도의 이름으로 기도합니다.
아멘!

Q 오늘 기도문을 읽고 부모인 나에게 필요한 은혜를 구해 보세요.

나의 반항을 받아 주셨던 주님을 기억합니다

자라게 하시는 하나님 아버지,
만물을 자라게 하시는 아버지 감사합니다.
아버지께서 생명을 허락하실 때
그것들이 성장하고 성숙할 수 있음에 감사합니다.
당연하다고 여겼던 모든 것들이 얼마나 소중한 것인지 알게 하소서.
어제와 오늘이 다르고, 오늘보다 내일 더 자라는 것에 감사합니다.
자녀에게 생명을 주시고 그들이 자라게 하심을 찬양합니다.

사랑하는 자녀의 성장을 주님께서 온전하게 하소서.
자라지 않는 아이들만 한 부모의 근심이 없는 것처럼
그들의 성장에 감사합니다.
때로는 우리가 원하는 성장을 했기 때문에
반항도 할 수 있음을 받아들이게 하소서.
자기주장이 강해지고 말을 안 듣는 시기를 지나야
성숙할 수 있음을 믿게 하소서.
지금 당장 싫다고 거부하는 어리석은 부모가 되지 않게 하소서.

> "그들이 광야에서 그에게 반항하며
> 사막에서 그를 슬프시게 함이 몇 번인가"
> (시 78:40)

자라기를 원하면서 변화는 싫어하는 모순에 빠지지 않게 하소서.
자녀의 성장과 성숙을 기대하면서
그들의 마음의 변화를 거절하지 않게 하소서.
때로는 반항하고, 화를 내고, 혼란스러워하는 것을 받아들이게 하소서.
그리고 그것이 좋은 성숙의 과정이 되도록 기도하고 지지하게 하소서.
외적 성장과 내적 성숙의 균형을 위해 그들의 변화를 수용하게 하소서.
나의 반항을 받아 주셨던 주님을 기억합니다.
나의 거부를 수용하셨던 아버지의 사랑을 기억합니다.
자녀의 기억에 부모의 인내와 사랑이
이와 동일한 추억으로 남게 하소서.
우리를 성장하게 도우시는 예수 그리스도의 이름으로 기도합니다.
아멘!

Q 오늘 기도문을 읽고 하나님이 주신 자녀의 소중한 점을 써 보세요.

---

54 감사하고 감동하고 찬양하게 하소서

하나님 아버지,
아침마다 한없는 인자하심을 부어 주시는 아버지 감사합니다.
숨 쉴 수 있는 공기를 주시고, 신선한 바람을 주시는 아버지 감사합니다.
높은 하늘과 발 디딜 견고한 땅을 주신 아버지 감사합니다.
모든 만물이 하나님의 선물임에 감사하는 날들이 되게 하소서.
우리 가족이 이런 감사의 마음으로 하루를 살아가게 하소서.

우리 자녀가 사소한 것에도 감사가 넘치길 원합니다.
하나님 앞에 감동하며 찬양하며 감사하는 사람이 되게 하소서.
감정을 표현하는 법을 배우게 하소서.
사랑을 표현하는 법을 배우게 하소서.
하나님이 주신 언어가 그들에게 축복으로 아름답게 하소서.
그러기 위해 오늘 내가 그들에게 사랑의 언어로 표현하길 원합니다.
그들의 감동을 위해 오늘 내가 감동하는 것을 보여 주길 원합니다.
먼저 나의 삶이 감동과 감사로 가득 차 행복하게 하소서.
그리고 그것을 바라보며 그들도 그 기쁨을 함께 누리게 하소서.

> "해와 달아 그를 찬양하며
> 밝은 별들아 다 그를 찬양할지어다"
> (시 148:3)

우리 가정이 하나님이 주신 풍성한 마음들을
표현하고 나누는 곳이 되게 하소서.
이 세상 가운데 어려운 것도 많지만 좋은 것은 더 많음을 고백합니다.
감사합니다. 주신 모든 것에 감사하고 주실 모든 것에 감사합니다.
하나하나 각각의 것들 앞에 감사하고 감동하고 찬양하게 하소서.
나에게 모든 것을 주신 예수 그리스도의 이름으로 기도합니다.
아멘!

Q 오늘 기도문을 읽고 부모인 나에게 필요한 은혜를 구해 보세요.

_____

_____

 ## 선물의 단점을 찾아 나서지 않게 하소서

최선의 하나님 아버지,
우리에게 모든 좋은 것을 주신 아버지 감사합니다.
하나뿐인 아들 예수 그리스도를 희생해 우리를 구원하셨습니다.
그 사랑을 말뿐 아니라 나의 전 삶에 걸쳐 인정하고 믿게 하소서.
그 믿음으로 우리 가정도 이미 좋은 것으로 채워주셨음을 신뢰합니다.
사랑하는 배우자와 자녀와 모든 관계를 선물로 주심에 감사합니다.

하나님이 창조하신 모든 것에 선하신 뜻이 있음을 믿습니다.
사랑하는 자녀를 가장 선한 모습으로 주셨음을 믿습니다.
그들의 성품과 행함과 마음의 모든 것을 감사함으로 받습니다.
하나님의 선하심을 믿고 신뢰하며 그 열매를 인내로 기다립니다.
지금 마음에 들지 않는다고 하여 불평하지 않게 하소서.
내가 아이를 평가하는 그 잣대로 자녀가 자신을 평가할까 두렵습니다.
내가 바라보는 아이의 단점을
그들도 단점으로 여기고 미워할까 두렵습니다.
그들의 자존감을 제일 먼저 깎아내리는 사람이 내가 되지 않게 하소서.

> "우리 각 사람에게 그리스도의
> 선물의 분량대로 은혜를 주셨나니"
> (엡 4:7)

좋아지라고 했던 그 지적으로
그들의 자존감이 무너지고 있음을 알게 하소서.
아직 그 좋음을 발견하지 못하였을 뿐
최고의 선물임을 먼저 인정하게 하소서.
하나님의 최고의 선물인 자녀를
있는 그대로 사랑하고 감사하고 찬양하게 하소서.
선물을 받고 그 선물의 단점을 찾아 나서는 자가 되지 않게 하소서.
그간의 모든 불만과 원망을 회개하며 감사로 돌아섭니다.
자신의 생명까지 다 내어 주신 예수 그리스도의 이름으로 기도합니다.
아멘!

Q 오늘 기도문을 읽고 하나님이 주신 자녀의 소중한 점을 써 보세요.

---

56 자신의 외모, 능력, 환경에 기뻐하게 하소서

하나님 아버지,
사랑하는 자녀를 위해 기도합니다.
오늘도 하나님이 그들의 모든 마음에,
그들이 가는 모든 곳에 함께하시기를 기도합니다.
무엇보다 자녀가 자신을 만족하고 기뻐하는 마음을 갖게 하소서.
그들의 삶에서 스스로 선택할 수 없었던 것들에 감사하게 하소서.
부모도, 환경도, 외모도, 성품도, 배경도 선택할 수 없었습니다.

하나님이 주신 모든 것에 뜻이 있음을 믿게 하소서.
자신에게 주어진 모든 것이 남들과 비교 대상이 되지 않게 하소서.
기왕에 주어진 것에 기뻐하고 감사하게 하소서.
자신의 외모에 자신감을 갖게 하시고,
자신이 가진 능력에 기뻐하게 하소서.
주어진 부모에, 환경에 만족하고 즐거워하게 하소서.
내가 바꿀 수 없는 것에 대해 불평하느라 시간을 낭비하지 않게 하소서.
우리 가정이 서로에게 감사하고 기뻐하기를 원합니다.
작은 것에도 감사하게 하시고 비난을 멈추게 하소서.

> "내가 궁핍하므로 말하는 것이 아니니라
> 어떠한 형편에든지 나는 자족하기를 배웠노니"
>
> (빌 4:11)

한없이 잘나고 높은 것만을 바라보는 시선을 멈추게 하소서.
허락하신 모든 것을 잘 누리며 감사하는 삶을 살게 하소서.
사람들이 판단하는 외모의 기준, 돈의 기준,
성적의 기준에 함몰되지 않게 하소서.
우리 가족이 똘똘 뭉쳐 서로 격려하며 칭찬하기를 원합니다.
늘 하나님이 주신 믿음과 소망으로 일어나게 하소서.
우리 가정을 지키시는 예수 그리스도의 이름으로 기도합니다.
아멘!

Q 오늘 기도문을 읽고 부모인 나에게 필요한 은혜를 구해 보세요.

_____

_____

때를 얻든지 못 얻든지 예배하게 하소서

하나님 아버지,
사랑하는 자녀를 위해 기도합니다.
하나님의 사랑과 은혜가 오늘도 그들과 함께하기를 기도합니다.
살아가면서 지은 죄악을 회개하고 용서받게 하소서.
모르고 지은 죄가 있거든 알게 하시고 돌아서게 하소서.
오늘도 십자가의 은혜로 보혈을 의지하여 사는 삶이 되게 하소서.

그 무엇보다 하나님을 경외하는 사람이 되기를 원합니다.
아버지를 사랑하여 주일을 지키는 일이 즐겁게 하소서.
하나님 때문에 삶이 행복할 수 있는 사람이 되게 하소서.
추세에 안 어울린다며 예배와 기도를 멀리하지 않게 하소서.
세상의 시류와 상관없이 언제나 하나님을 경배하는 삶을 살게 하소서.
부모인 나도 그런 삶을 살길 원합니다.
때를 얻든지 못 얻든지 복음을 전하게 하시고 예배하게 하소서.
상황과 상관없이 언제나 주님을 찬양하게 하소서.
우리 가족 모두가 그런 삶의 모범이 되기를 원합니다.

> "아버지께 참되게 예배하는 자들은 영과 진리로 예배할 때가 오나니
> 곧 이 때라 아버지께서는 자기에게 이렇게 예배하는 자들을 찾으시느니라"
> (요 4:23)

보여 주기 위해서가 아니라
그런 모습이 우리 가정의 일상이 되기를 원합니다.
하나님의 일하심이 오늘도 자녀 가운데 충만하게 하소서.
언제나 하나님을 말하는 것을 두려워하지 않고 즐거워하게 하소서.
온 가족이 믿음으로 하나가 된 화목한 가정이 되게 하소서.
우리 주 예수 그리스도의 이름으로 기도합니다.
아멘!

Q 오늘 기도문을 읽고 하나님이 주신 자녀의 소중한 점을 써 보세요.

_____

_____

58 자녀의 삶을 대신 살아줄 수 없음을 압니다

살게 하시는 하나님 아버지,
우리의 삶 가운데 다양한 경험을 선물하시는 아버지께 감사를 드립니다.
크고 작은 경험을 통하여 성장하고 성숙하게 하시니 감사합니다.
일상을 살면서 일어나는 일들을 두려워하지 않길 원합니다.
자녀의 경험이 부모의 경험이 되고, 부모의 경험이 자녀의 경험이 되어
서로를 바라보며 성숙하게 하소서.

자녀의 삶 속에 일어나는 사건, 사고들 앞에서 너무 겁먹지 않게 하소서.
그런 경험을 지나가야 성숙한 어른이 될 수 있음을 인정합니다.
하나님이 개입하시는 그런 사건들 속에서 자라게 하시고 깨닫게 하소서.
무엇을 조심해야 하는지, 어떤 것을 피해야 하는지 깨닫게 하소서.
부모의 말로만 모든 것을 가르치려는 욕심을 버리게 하소서.
말로 배우는 것이 가장 안전하리라 여기지만,
결국 말로만 배우는 것은 불완전함을 압니다.
때로는 경험이 힘들고 싫고 어렵지만,
그 과정을 통해 아픔을 이기고 성장하게 하소서.

> "그러므로 스스로 조심하여
> 너희의 하나님 여호와를 사랑하라"
> (수 23:11)

자녀의 삶을 대신 살아줄 수 없다면,
그들이 삶을 스스로 살도록 돕기를 원합니다.
직접 경험하게 하고, 직접 마음에 새길 수 있는 기회를 허락하소서.
그래서 부모가 없을 때도 두려움 없이 강한 아이가 되게 하소서.
하나님이 주신 생명입니다.
하나님이 이름 불러 이 땅에 허락하신 존재입니다.
아버지의 자녀이며 사랑이오니 더욱 사랑하여 주소서.
인간의 경험을 위해 이 땅에 오신
예수 그리스도의 이름으로 기도합니다.
아멘!

Q 오늘 기도문을 읽고 부모인 나에게 필요한 은혜를 구해 보세요.

_____

_____

59 하나님의 시간과 인간의 시간이 다름을 알게 하소서

응답의 하나님 아버지,
날마다 우리의 기도를 들으시는 아버지 감사합니다.
모든 순간 기도의 형식이든,
생각의 형식이든 우리의 간절한 마음을 받으소서.
소망하는 마음을 담아 주님 앞에 나아갑니다.
기도에 응답하시는 은혜를 허락하소서.
하나님의 일하심이 우리 가족 모든 구성원에게 임하게 하소서.

나의 자녀가 살아가며 아버지께 기도할 때 응답하소서.
그들의 기도가 잘못되었다면 거절의 응답을 하여 주소서.
잘못된 기도가 응답되는 일보다 더 위험한 일은 없음이니이다.
그들의 기도가 올바르거든 허락의 응답을 하여 주소서.
그래서 응답을 통해 올바른 기도를 더욱 배울 수 있게 하소서.
아버지의 기도의 응답이 더디더라도 기다리는 믿음을 허락하소서.
그들이 하나님을 불신하여 하나님이 없다고 말하지 않게 하소서.
하나님의 시간과 인간의 시간이 다름을 알길 원합니다.

> "기도를 계속하고
> 기도에 감사함으로 깨어 있으라"
> (골 4:2)

자녀의 마음이 성급하지 않게 하소서.
올바른 기도를 드렸거든
아버지를 소망하는 마음을 인내로 기다리게 하소서.
아이가 마음속에서 하나님을 바랄 때 더욱 인내를 갖게 하소서.
보이지 않는 것을 믿는 믿음이
더욱 큰 믿음인 것을 알고 신앙을 지키게 하소서.
자녀가 하나님을 사랑하는 일만큼은
포기하지 않고 열정으로 나아가길 원합니다.
모든 것이 되시는 예수 그리스도의 이름으로 기도합니다.
아멘!

Q 오늘 기도문을 읽고 하나님이 주신 자녀의 소중한 점을 써 보세요.

_____

_____

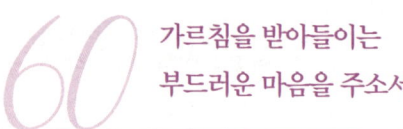

가르침을 받아들이는
부드러운 마음을 주소서

가르치시는 하나님 아버지,
어리석은 자들을 가르치시고 옳은 길로 인도하시는 아버지 감사합니다.
우리가 잘못된 길을 갈 때 경책하시고
다시 길을 잡게 하시니 감사합니다.
하나님이 주시는 가르침이 멈추어지지 않게 하소서.
나의 고집으로 그 길을 못 알아듣지 않도록 귀를 열어 주소서.
이제까지 경청하지 못했음을 회개합니다.

사랑하는 아이의 귀를 열어 주소서.
아버지께서 주시는 깨달음들이 언제나 원활할 수 있게 하소서.
그들의 마음이 활짝 열려 배움의 자세로 일평생을 살게 하소서.
하나님의 말씀만이 아니라
모든 만물을 통해 말씀하시는 음성을 듣게 하소서.
사람들을 통해 깨달음을 주실 때
그것을 받아들이는 부드러운 마음을 주소서.
배움이 열려 있는 인생은 언제나 소망이 있음을 믿습니다.
남의 말을 듣지 않는 고집이 사라지게 하소서.

> "보라 그의 마음은 교만하며 그 속에서 정직하지 못하나
> 의인은 그의 믿음으로 말미암아 살리라"
>
> (합 2:4)

자기만 잘났다고 생각하는 교만이 없어지게 하소서.
나는 아무 자격이 없다고 하는 열등감을 버리게 하소서.
모든 가능성을 열어 놓고 배우고
다시 일어서는 긍정적인 마음을 허락하소서.
하나님 앞에 포기도 없고 좌절도 없음을 믿습니다.
자녀의 마음 가운데 그런 굳건함을 채우소서.
하나님 앞에, 사람들 앞에
언제나 배움이 넘치는 자녀가 되길 기도합니다.
나의 길잡이가 되시는 예수 그리스도의 이름으로 기도합니다.
아멘!

Q 오늘 기도문을 읽고 부모인 나에게 필요한 은혜를 구해 보세요.

---

61 하나님께 부름을 받을 때 기쁘게 응답하게 하소서

부르시는 하나님 아버지,
한 사람 한 사람의 이름을 불러 이 땅에 보내신 아버지 감사합니다.
저처럼 연약한 사람의 이름을 아시고 형편을 아시니 감사합니다.
우리는 모두 그렇게 아버지께 부름을 받은 존재임을 고백합니다.
부모가 낳았지만 사실 하나님이 낳으신 것과 같습니다.
생명을 존재하게 하고, 온전히 태어나게 하고, 자라게 하셨습니다.

나의 자녀를 나의 것으로 생각하지 않게 하소서.
만드시고 부르신 아버지의 그 콜링을 자녀도 온전히 받아들이게 하소서.
하나님이 자신을 얼마나 귀히 여기시는지 마음 깊이 새기게 하소서.
하나님의 부르심으로 존재하는 우리가
언젠가는 사명을 위해 부름을 받을 줄 믿습니다.
이 세상에서 하나님의 자녀로서 부름을 받을 때
기쁘게 응답하게 하소서.
자녀가 살아가면서 아버지의 특별한 부르심 앞에 설 때
망설이지 않게 하소서.
언제나 하나님의 뜻이 가장 우선된 삶을 살게 하소서.

> "하나님의 은사와 부르심에는
> 후회하심이 없느니라"
> (롬 11:29)

말로만 하나님의 뜻이 옳다 하고
자신의 이익과 직면할 때 도피하지 않게 하소서.
결단해야 하는 순간에 타협하고 변명하지 않게 하소서.
늘 주님의 음성을 듣고 순종할 줄 아는 사람이 되게 하소서.
오늘도 우리 가족의 이름을 불러 주시는 아버지를 찬양합니다.
우리 모두를 잊지 않으시는 아버지 감사합니다.
온 가족이 아버지의 부르심 앞에 속히 응답하는 신앙인이 되게 하소서.
언제나 순종하신 예수 그리스도의 이름으로 기도합니다.
아멘!

Q 오늘 기도문을 읽고 하나님이 주신 자녀의 소중한 점을 써 보세요.

주님이 계신 곳에 부족함이 없다는 믿음을 갖게 하소서

복을 주시는 하나님 아버지,
언제나 우리에게 복 주시길 원하시는 아버지 감사합니다.
하나님의 복이 우리 가정 가운데 넘치길 바랍니다.
아버지께서 무한한 분이심을 믿습니다.
부족함이 없으시며, 모든 것에 풍성한 분이심을 믿습니다.
우리가 누리는 모든 것들이 다 주님에게서 왔음을 믿고 고백합니다.

자녀를 위해 기도한다고 하면서
언제나 이 세상의 복만 구했음을 용서하소서.
돈을 풍족하게 누리기를 원하고, 똑똑하여 인정도 받기를 원합니다.
건강하여 절대로 아프지 않기를 바라고
인성, 신앙, 모든 것이 다 좋기를 원합니다.
부모의 모든 기도가 너무 완벽한 것만을 외쳐댔음을 용서하소서.
불가능한 것을 매일 간구하며
내 자녀만큼은 다 갖게 해 달라고 기도합니다.
세상 모든 편한 것과 좋은 것을 구하는 것이
과연 성경적인지 돌아보게 하소서.

> "여호와는 나의 목자시니
> 내게 부족함이 없으리로다"
> (시 23:1)

롯이 여호와의 동산 같은 곳을 골랐으나
그곳이 소돔과 고모라였음을 기억하게 하소서.
아브라함이 남은 광야를 택했으나
그곳이 약속의 땅이 되었음을 기억하게 하소서.
우리가 구하는 복이 롯의 선택을
따르고 가르치는 것은 아닌지 돌아봅니다.
부모인 나의 기도가 참된 하나님의 복을 주는 기도가 되게 하소서.
가장 윤택한 모든 것들도 하나님 없이는 허무한 것입니다.
자녀 기도에서 하나님과 돈을
함께 쟁취시키겠다는 야망을 버리게 하소서.
하나님이 계신 곳에 부족함이 없다는 믿음을 먼저 가지게 하소서.
복의 복을 주시는 예수 그리스도의 이름으로 기도합니다.
아멘!

Q 오늘 기도문을 읽고 부모인 나에게 필요한 은혜를 구해 보세요.

_____

_____

하나님의 가치관이 자녀의 세계관이 되게 하소서

하나님 아버지,
점점 더 악해지고 어려워지는 세상 속에서
우리를 지키시는 아버지 감사합니다.
사는 것도, 신앙을 갖는 것도 갈수록 복잡해지고 선택이 어려워집니다.
무엇이 잘하는 것인지, 무엇이 선한 것인지 분별하기가 어렵습니다.
우리가 살아왔던 세상보다 점점 더 복잡해지는 것을 봅니다.
이런 혼란 속에서 하나님의 빛을 보여 주소서.

사랑하는 자녀의 삶 속에 아버지의 청명한 빛이 필요합니다.
수많은 소리가 유혹할 것입니다.
아이의 귀에 사람들의 소리를 이길 수 있는
주님의 음성을 들려주소서.
수많은 갈래의 길이 자녀 앞에 산만하게 펼쳐질 것입니다.
그들의 앞길에 주님의 선명한 빛을 비춰 주소서.
그래서 사탄의 유혹과 미혹하게 하는 것들로부터 속히 벗어나게 하소서.
하나님의 것을 분별할 수 있는 분별의 영을 허락하여 주소서.
말씀이 우리 아이의 발을 반석같이 든든하게 받치게 하소서.

> "그리하여야 너희가 거룩하고 속된 것을 분별하며
> 부정하고 정한 것을 분별하고"
> (레 10:10)

스스로 선택해야 하는 모든 순간에 하나님께 기도하게 하소서.
세상 속에서 언제나 선한 의도로 살게 하소서.
자녀의 마음의 기준이 말씀이 되기를 간절히 원합니다.
말씀을 가까이하고 마음에 새기게 하소서.
하나님의 가치관이 그들의 세계관이 되게 하소서.
우리의 빛이 되시는 예수 그리스도의 이름으로 기도합니다.
아멘!

Q 오늘 기도문을 읽고 하나님이 주신 자녀의 소중한 점을 써 보세요.

쉽게 털고 일어서는 법을 알게 하소서

승리의 하나님 아버지,
인생의 끝에서 반드시 승리를 주시는 아버지 감사합니다.
모든 심판을 이기시고 구원을 말씀하신
그 약속이 우리 모두에게 있게 하소서.
특별히 자녀의 영적인 구원을 주님께 올려 드립니다.
육체의 건강보다 더 중요한 것이 영적인 건강임을 믿습니다.
자녀의 인생에서 구원이 사라지지 않게 하소서.

어쩌면 자녀의 실패에 가장 민감한 사람은 부모인지도 모릅니다.
정작 실패에 대한 감각이 없는 자녀에게 실패를 각인시키지는 않는지요.
다시 일어나려고 할 때마다
과거의 실패를 강조하며 좌절시키지는 않는지요.
절대 잊어버릴 수 없는 실패로 만들어 패배감을 주지는 않는지요.
먼저 부모인 우리가 쉽게 털고 일어서는 법을 알게 하소서.
교만해질까 봐 칭찬을 미루거나
까먹을까 봐 실패를 각인시키지 않게 하소서.
아낌없이 칭찬하게 하시고, 교훈과 격려를 하게 하소서.
다시 일어서는 법을 함께 실천하게 하소서.

> "우리 주 예수 그리스도로 말미암아
> 우리에게 승리를 주시는 하나님께 감사하노니"
> (고전 15:57)

승리의 하나님을 믿고 언제나 새롭게 도전하는 자녀가 되게 하소서.
우리 가정이 쉼을 얻고 일어날 수 있는 회복의 터전이 되게 하소서.
밖에서 상처받았을 때
빨리 돌아와 안기고 싶은 가정이 되기를 원합니다.
무엇이든 털어놓고 함께 다시 웃을 수 있는 부모가 되기를 원합니다.
그렇게 부둥켜안고 함께 다시 시작하는 가족이 되게 하소서.
나의 주 예수 그리스도의 이름으로 기도합니다.
아멘!

Q 오늘 기도문을 읽고 부모인 나에게 필요한 은혜를 구해 보세요.

 ## 자녀를 통하여 하나님의 형상이 드러나길 원합니다

온전하신 하나님 아버지,
언제나 우리를 온전하게 사랑하시는 아버지 감사합니다.
아버지께서는 거짓말을 하지 않으시며 언제나 정직하십니다.
하나님은 완전하시며 공의로우신 분이십니다.
하나님의 자녀인 우리도 언제나 아버지 앞에 정직하고 올바르게 하소서.
아버지 앞에서 순수함을 잃어버리지 않는
어린아이와 같은 신앙을 허락하소서.

귀한 자녀를 우리 가정에 선물로 허락하심에 감사합니다.
그들을 통해 울고 웃으며 삶의 깊이를 알게 하시니 감사합니다.
저에게 그들을 올바로 가르치고 인도할 능력을 허락하여 주소서.
인격적으로 부족하고 양육에 미숙함을 고백합니다.
자녀의 육체를 온전히 키우는 것만으로도
너무 벅참을 불쌍히 여겨 주소서.
그러나 그들의 육체의 건강만큼이나
영적인 건강을 위해 노력하게 하시고
그들의 지식만이 아니라 마음의 성장을 돌보는 데
게으르지 않게 하소서.

> "만일 네 입술이 정직을 말하면
> 내 속이 유쾌하리라"
> (잠 23:16)

자녀가 마음이 너그러운 사람이 되기를 원합니다.
다른 사람들을 돕고 사랑하며,
그들과 더불어 사는 것이 행복한 사람이 되게 하소서.
자녀를 통하여 하나님의 형상이 드러나길 원합니다.
가는 곳마다 기쁨이 넘치게 만드는 사람이 되게 하소서.
머무는 그곳에 하나님의 임재가 있게 하소서.
그래서 모든 사람이 함께하고 싶은, 즐겁고 좋은 사람이 되게 하소서.
우리 주 예수 그리스도의 이름으로 기도합니다.
아멘!

Q 오늘 기도문을 읽고 하나님이 주신 자녀의 소중한 점을 써 보세요.

_____

_____

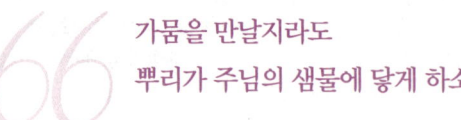

가뭄을 만날지라도
뿌리가 주님의 샘물에 닿게 하소서

하나님 아버지,
날마다 아버지의 인자하심을 부어 주시니 감사합니다.
하나님의 인자하심은 끝이 없어 영원함을 믿습니다.
우리 가정에 아버지의 인자하심과 선하심을 부어 주소서.
하나님 아버지의 사랑으로 우리 가족을 둘러싸 주시옵소서.
아버지의 사랑 없이는 한순간도 살 수 없음을 고백합니다.

소중한 자녀를 위해 기도합니다.
그들의 인생 가운데 마르지 않는 샘물이 흐르기를 원합니다.
인생의 가뭄을 만날지라도 그들의 뿌리가 주님의 샘물에 닿게 하소서.
영적인 깊은 뿌리를 내리도록 인내로 양육하게 하소서.
보이지 않는 그 뿌리가 영원한 공급처가 되게 하소서.
그래서 환난이 올 때도 열매를 맺는 신앙인이 되게 하소서.
가뭄이 오고 기근이 와도 변함없이 공급하시는
그 생명수를 소유하게 하소서.
관계의 기근과 물질의 가뭄과 질병의 환난에서 꿋꿋이 살아가게 하소서.

> "또 광야가 변하여 못이 되게 하시며
> 마른 땅이 변하여 샘물이 되게 하시고"
>
> (시 107:35)

어떤 일을 만나도 두려워하지 않는 담대한 사람이 되게 하소서.
부모인 내가 먼저 그런 삶을 살겠습니다.
인생의 고비에서 살아남게 하시니 감사합니다.
사람이 살면서 겪는 모든 일이 주님의 손안에 있는 것을 믿습니다.
하나님의 사랑과 인자하심 안에서 언제나 목마르지 않음을 믿습니다.
나의 생수가 되시는 예수 그리스도의 이름으로 기도합니다.
아멘!

Q 오늘 기도문을 읽고 부모인 나에게 필요한 은혜를 구해 보세요.

_____

_____

67 건강한 습관을 갖게 하소서

건강을 주시는 하나님 아버지,
사람을 창조하시고 생명을 불어넣으신 아버지 감사합니다.
인간의 생명이 주님의 손에 있음을 믿습니다.
우리가 이 땅에서 건강하게
온전한 생명을 누리길 원하시는 아버지께 간구합니다.
질병으로부터 우리 자녀를 보호하여 주소서.
그들의 삶 가운데 너무 크고 어려운 질병이 엄습하지 못하게 도우소서.

만약 어쩔 수 없이 질병에 걸렸다면 속히 그것을 이겨 내도록 도우소서.
날마다 아버지의 치유 능력이 우리 자녀에게 임하기를 소망합니다.
건강을 지켜 주소서, 그들의 영혼이 강건하게 하소서.
아버지의 생명이 언제나 자녀의 삶 가운데 넘치게 하소서.
어려운 질병 가운데 있을 때, 서로 돌보며 사랑을 나누게 하소서.
하나님이 주신 생명과 건강을 소중히 여기겠습니다.
주신 건강을 남용하지 않고, 잘 관리하는 성실함을 갖길 원합니다.
자녀의 삶 가운데 건강한 습관을 갖게 하소서.

> "내가 주를 바라오니
> 성실과 정직으로 나를 보호하소서"
> (시 25:21)

그들이 아버지께서 주신 모든 것에 감사하며
그것을 지켜 나갈 좋은 습관을 주소서.
그래서 잃어버린 다음에 후회하는 것이 아니라
가진 것에 감사하게 하소서.
지킬 줄 아는 자가 되어 가진 것을 나누게 하소서.
건강을 가지고 그것으로 다른 사람을 섬기길 원합니다.
무엇을 가졌든지 그것으로 모두를 풍성하게 하는 삶이 되게 하소서.
나의 주 예수 그리스도의 이름으로 기도합니다.
아멘!

Q 오늘 기도문을 읽고 하나님이 주신 자녀의 소중한 점을 써 보세요.

하나님이 만든 세상을 먼저 누리게 하소서

자비의 하나님 아버지,
청명한 하늘을 보고 맑은 새 소리를 들을 수 있게 하신
아버지 감사합니다.
사소하고 당연하던 것들이 하나도 당연하지 않은 시대를 살고 있습니다.
나의 시대에 누리던 많은 것들을 자녀의 시대에 잃어버렸습니다.
그들의 시대가 너무 어둡지 않도록 주님의 자비를 베풀어 주소서.
잃어버린 것들이 무엇인지도 모르고 자랄 그들을 불쌍히 여겨 주소서.

하나님이 베풀어 주신 세상의 모든 아름다움을
더는 놓치지 않게 하소서.
맑은 공기와 하늘의 별과 바다의 파도를 지켜 주소서.
신선한 흙의 냄새를 여전히 맡고,
숲을 뛰노는 사슴들을 여전히 볼 수 있게 하소서.
처마에 비가 내리는 소리와 아이의 웃음소리가 사라지지 않게 하소서.
사람들을 만나고 인사하며 웃을 수 있는 세상을 허락하소서.
우리 세대가 남용하여 잃어버린,
하나님이 주신 것들을 다시 찾을 기회를 허락하소서.
자녀가 성장하며 아름다운 추억을 많이 만들길 원합니다.

> "바다와 거기 충만한 것이 외치며
> 밭과 그 가운데 모든 것은 즐거워할지로다"
> (대상 16:32)

그들의 삶이 아버지의 자비로 인해 더욱 풍성한 추억들을 갖게 하소서.
부모로서 자녀의 아름다운 기억을 위해 노력하게 하소서.
어쩌면 언젠가는 듣지도 보지도 못할 아름다운 것들을 두고
자녀를 시멘트 벽에 가두지 않게 하소서.
하나님의 자비로운 선물들을 누리는 자녀가 되길 원합니다.
풀을 만지고 꽃향기를 맡으며 하나님을 느끼길 원합니다.
인간이 만든 세상보다 하나님이 만든 세상을 먼저 누리게 하소서.
모든 것을 주신 예수 그리스도의 이름으로 기도합니다.
아멘!

Q 오늘 기도문을 읽고 부모인 나에게 필요한 은혜를 구해 보세요.

함께 성경을 보던 습관이
자녀를 지키는 힘이 되게 하소서

하나님 아버지,
우리에게 부모를 허락하셔서 이 땅에 오게 하신 아버지 감사합니다.
부모님을 통해 성장하고 어른이 되게 하심에 감사합니다.
때로 부족하고, 때로 불만족했던 것들이 있었지만
여기까지 지켜 주셨습니다.
그때를 기억하며 나의 자녀에게 더 풍성한 가정을 선물하게 하소서.
가족 구성원이 많아서 풍성한 것이 아니라
사랑이 많아 풍성하게 하소서.

자녀를 후회 없이 사랑하게 하소서.
내가 자녀일 때 모자란다고 느꼈던 것들을 되풀이하지 않게 하소서.
많이 칭찬하게 하시고 사랑한다고 많이 말하게 하소서.
사랑하는 자녀를 주셨으니
그들과 하루하루 기쁨을 누리며 살게 하소서.
자녀를 품에 안고 기도하게 하시고,
그들에게 하나님을 알려 주게 하소서.

> "내가 또 내 마음에 합한 목자들을 너희에게 주리니
> 그들이 지식과 명철로 너희를 양육하리라"
>
> (렘 3:15)

훗날 그들이 부모를 기억할 때,
그 품에서 들었던 하나님의 이야기를 기억하게 하소서.
자녀가 나이가 들어 부모가 없을 때도 그 추억이 힘이 되게 하소서.
어린 시절 불렀던 찬양이 다시 하나님을 기억하는 힘이 되게 하소서.
함께 성경을 보던 그 습관이 아이를 지키는 힘이 되게 하소서.
눈물 흘리며 자녀를 위해 기도했던 부모의 음성이
그들을 고난에서 버티게 하소서.
그 무엇보다 더 귀한 영적인 유산을 남기는 부모가 되길 원합니다.
그리고 그 영적인 유산을
무엇보다 가장 귀히 여기는 자녀가 되길 원합니다.
나의 자녀에게 그것을 알아볼 수 있는 영적인 눈을 허락하소서.
나의 주 예수 그리스도의 이름으로 기도합니다.
아멘!

Q 오늘 기도문을 읽고 하나님이 주신 자녀의 소중한 점을 써 보세요.

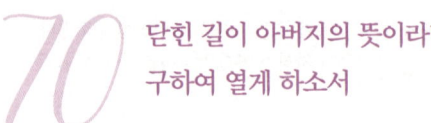

닫힌 길이 아버지의 뜻이라면 구하여 열게 하소서

인도하시는 하나님 아버지,
우리의 가는 길을 인도하시는 아버지 감사합니다.
잘못된 길로 갈 때
그 길을 고쳐서 가게 하시고 옳은 길로 인도하소서.
하나님의 두 손을 꼭 붙들고 가길 원합니다.
우리 가정이 가는 모든 길을 아버지께서 인도하여 주소서.
우리 가족이 모두 한 손을 붙잡고 갈 수 있도록 함께하여 주소서.

사랑하는 자녀의 인생길도 주님께서 붙들어 주소서.
아버지께서 원하시는 길이 아니라면 막아 주소서.
열린 길이 다 아버지의 뜻은 아님을 압니다.
열린 길이 아니라 닫힌 길이
아버지의 뜻이라면 구하여 열게 하소서.
가기 전에 먼저 기도하는 자녀가 되게 하소서.
내가 인생을 살 때 힘들었던 선택의 길들이
그들에게도 동일하게 있습니다.

> "구하라 그리하면 너희에게 주실 것이요 찾으라 그리하면 찾아낼 것이요
> 문을 두드리라 그리하면 너희에게 열릴 것이니"
>
> (마 7:7)

아버지, 그들도 힘들 줄 압니다.
그래서 아버지의 도움이 필요합니다.
얼마나 갈등이 되고 고민이 되겠습니까.
그 길 가운데 서서 혼란스러워할 때,
주님이 그 마음에 말씀하여 주소서.
어린 시절에는 부모와 상의를 하지만,
커서는 하나님과 더욱 상의하게 하소서.
아니, 모든 순간 지혜의 근원이신 하나님을 의지하며 살게 하소서.
하나님이 인도하시는 그 순적한 길로 우리 자녀를 인도하여 주소서.
나의 길이 되시는 예수 그리스도의 이름으로 기도합니다.
아멘!

Q 오늘 기도문을 읽고 부모인 나에게 필요한 은혜를 구해 보세요.

_____

_____

71 감정의 끈을 내려놓고
평안의 줄을 붙들게 하소서

하나님 아버지,
인간이 삶을 살아가면서 단계마다 해야 할 일이 많음을 압니다.
그 나이마다 넘어야 할 산들이
우리 자녀 앞에 있을 때 함께하여 주소서.
기어 다니고 걸어 다니며, 유치원에 가고 학교에 갈 때
그 단계를 잘 따라가게 하소서.
한고비 한고비를 넘을 때마다 큰 어려움 없이 배우기를 기도합니다.
군대에 가고 직장에 가고 자신의 진로를 찾아갈 때
너무 힘들지 않길 원합니다.

때와 기한은 아버지께 있음을 믿습니다.
다른 아이들보다 조금 늦을 수 있고,
때로 빠를 수 있지만 두려워하지 않게 하소서.
기다려 줄 수 있는 부모가 되게 하시고,
인내할 수 있는 자녀가 되게 하소서.
그들이 그 고비를 넘다가 포기하지 않기를 원합니다.

> "우리가 선을 행하되 낙심하지 말지니
> 포기하지 아니하면 때가 이르매 거두리라"
> (갈 6:9)

하나님의 소망이 언제나 그들의 마음속에 가득하게 하소서.
부모로서 아이의 지금만 바라보지 않게 하소서.
자녀의 인생을 좀 더 길게 바라보고 기도하게 하소서.
당장 눈앞의 것이 다가 아님을 알고 기도하게 하소서.
지금 당장 눈에 보이는 너무 작은 것들만 구하지 않게 하소서.
자녀의 인생의 그림을 아버지 앞에서 바라보며 기도하게 하소서.
자녀와 인생의 참된 의미를 찾아가며 함께 기도하게 하소서.
그들의 삶이 참된 행복과 진정한 의미와
아버지의 뜻을 바라보게 하소서.
일희일비하는 감정의 끈을 내려놓고 평안의 줄을 붙들게 하소서.
나의 주 예수 그리스도의 이름으로 기도합니다.
아멘!

Q 오늘 기도문을 읽고 하나님이 주신 자녀의 소중한 점을 써 보세요.

# 좋은 학원과 직장이 자신의 수준이라 여기지 않게 하소서

하나님 아버지,
사랑하는 자녀를 위해 기도합니다.
말로는 사랑한다고 했지만,
사실 늘 가장 간편하게 키우는 법을 고민합니다.
어떻게 하면 올바르게 키울지 보다,
어떻게 하면 편하게 키울지를 더 생각합니다.
좋은 어린이집을 구하면 좋은 부모인 것 같은 착각을 합니다.
잘되는 학원에 보내면 부모로서 잘하고 있다고 생각합니다.

아버지 앞에서 참된 부모의 역할을 다시 고민하게 하소서.
그리고 자녀가 그곳에서 어떤 마음으로 지내는지 살피게 하소서.
겉으로 좋아 보이는 곳에 넣어놓고 다 되었다 안심하지 않게 하소서.
자녀의 마음이 공허하지 않도록 지켜 주소서.
가정에서 채워져야 할 사랑과 관심이 잘 채워지게 하소서.
그들의 외적인 조건들이 잘 채워져 간다고 안심하지 않게 하소서.
그들의 내적인 조건들이 잘 채워지도록 기도하고 애쓰게 하소서.

> "그러므로 우리가 낙심하지 아니하노니
> 우리의 겉사람은 낡아지나 우리의 속사람은 날로 새로워지도다"
> (고후 4:16)

하나님이 그들의 내면을 언제나 만져 주시기를 기도합니다.
때로 부모가 채울 수 없는 것들을 주님께 의탁합니다.
그들 자신도 좋은 학원, 좋은 직장이
본인의 수준이라 여기지 않게 하소서.
언젠가 만날 공허함에 무너질까 두렵습니다.
강건한 내면을 허락하소서.
자존감과 하나님을 향한 믿음이
무엇에도 무너지지 않도록 견고하게 하소서.
우리의 기초가 되시는 예수 그리스도의 이름으로 기도합니다.
아멘!

Q 오늘 기도문을 읽고 부모인 나에게 필요한 은혜를 구해 보세요.

_____

_____

자녀를 통해 만회하려는 욕심을
내려놓게 하소서

앞서가시는 하나님 아버지,
인생을 살면서 하나님의 앞서가심을 의지하기를 소망합니다.
얼마나 많은 순간을 내가 먼저 가려다 고생만 하였던지요.
하나님의 순리를 기다리지 못하고 나의 야망을 따르다 넘어졌던지요.
자녀를 위해 기도할 때마다
내 삶의 아쉬웠던 부분만 기도하지 않게 하소서.
자녀를 통해 만회하려는 욕심을 내려놓게 하소서.

하나님은 아이들을 일렬로 세워 놓고
달리게 하는 분이 아님을 믿습니다.
그런데 세상을 살다 보면
아이를 들고 뛰는 부모들로 인해 조급해집니다.
나도 내 아이를 안고 달려야 하는데
이러지도 저러지도 못할 때가 있습니다.
그렇게 내달리다가 하나님이 뒤에 계심을 발견하게 됩니다.
내 삶도 그리 살아놓고, 자녀도 그렇게 성급하게 달려가라 합니다.
나의 자녀를 향한 아버지의 시간을 기다리게 하소서.
그들의 타이밍에 맞게 손을 잡고
하나님의 등을 바라보며 걷는 부모가 되게 하소서.

> "내가 내 행위를 생각하고
> 주의 증거들을 향하여 내 발길을 돌이켰사오며"
> (시 119:59)

자녀와 대화하면서 저것이 주님의 발자국이라고 말할 수 있게 하소서.
그래서 그들에게 인생에서
아버지를 제치고 달려가지 않는 법을 가르치게 하소서.
다른 부모들의 이야기보다 하나님의 이야기를 더 크게 듣게 하소서.
우리 자녀를 아버지의 손에 올려놓습니다.
아버지께서 책임져 주시옵소서.
우리 자녀의 인생길에서
앞서가시는 주님의 뒷모습을 보고 따라가겠습니다.
길잡이 되시는 예수 그리스도의 이름으로 기도합니다.
아멘!

Q 오늘 기도문을 읽고 하나님이 주신 자녀의 소중한 점을 써 보세요.

---

74 미래의 가정을 지킬 책임감과 배려를 배우게 하소서

하나님 아버지,
사람을 다른 사람과 더불어 살게 하신 아버지 감사합니다.
인간이 혼자 지내는 것이 좋지 못하다 하셨으니
좋은 관계를 맺으며 살게 도와주소서.
사랑하는 자녀의 삶이 사람들과 더불어 사는 삶이 되길 원합니다.
나의 것을 내줄 줄 아는 아이가 되게 하소서.
그리고 남의 것을 감사로 받을 줄 아는 아이가 되게 하소서.

자녀의 인생에 아름다운 배우자를 허락하여 주소서.
아담에게 하와를 허락하셨듯이,
서로 의지하고 사랑할 사람을 준비해 주소서.
어디에선가 성장하고 있을 배우자를 위해 기도합니다.
잘 맞는 사람을 찾게 하시고, 발견하게 하소서.
육체적인 성장만이 아니라 영적으로 성장하여 만나게 하소서.
하나님을 섬기는, 하나님이 지키시는
아름다운 가정을 이루길 소망합니다.
가정에서의 믿음이 얼마나 소중한 것인지 알고 지키게 하소서.

> "여호와 하나님이 이르시되 사람이 혼자 사는 것이 좋지 아니하니
> 내가 그를 위하여 돕는 배필을 지으리라 하시니라"
> (창 2:18)

그들이 가정을 꿈꿀 때 무엇보다 신앙을 꿈꾸게 하소서.
혹여 안 믿는 배우자를 만나거든
그 배우자에게 하나님을 소개하게 하소서.
하나님의 사랑을 알려 주고 함께 그 사랑을 영위할 수 있길 원합니다.
자녀가 언젠가 할 아름다운 결혼을 위하여 잘 성장하게 하소서.
가정을 지킬 책임감과 배려와 사랑을 배우게 하소서.
그래서 확장된 가정을 통해 하나님께 더욱 영광을 올려 드리게 하소서.
화목하게 하시는 예수 그리스도의 이름으로 기도합니다.
아멘!

Q 오늘 기도문을 읽고 부모인 나에게 필요한 은혜를 구해 보세요.

75. 가정의 언어가 하나님의 말씀을 닮아가길 원합니다

말씀의 하나님 아버지,
말씀으로 천지를 창조하신 능력의 아버지 감사합니다.
하나님이 말씀의 능력으로 생명을 허락하셨듯
오늘 하루도 말씀으로 우리 가정의 모든 삶을 다스려 주소서.
우리 가정의 모든 언어가 하나님의 말씀을 닮아가길 원합니다.
실언하지 않고 신실하며 진실하고 정직하기를 원합니다.

우리 자녀가 아름다운 언어를 사용하며 자라게 하소서.
다른 사람을 폄하하거나 무시하지 않는 성품과 언어를 허락하소서.
다른 사람을 아낌없이 칭찬하는 격려의 입술을 허락하소서.
아름다운 말이 일평생의 힘과 자산이 되기를 소망합니다.
입술을 다스리는 사람으로 자라게 하소서.
기도만이 아니라 삶으로 그들에게 아름다운 언어를 들려주길 원합니다.
나의 자녀가 듣는 소리들이
아름다운 소리가 되게 이 가정을 바꿔 주소서.
아름다운 마음에서 아름다운 언어가 나오는 줄 믿습니다.
긍휼과 사랑, 용납과 화목의 언어가
오고 가게 하시고 마음에 담기게 하소서.

> "지혜자의 입의 말들은 은혜로우나
> 우매자의 입술들은 자기를 삼키나니"
> (전 10:12)

사람을 일으키는 말이 어떤 말인지
들어 알게 하시고 말해 경험하게 하소서.
우리 자녀의 입술이 복을 말하는 입술이 되게 하소서.
그리고 그런 말을 듣고 사는 복이 우리 가정에서부터 시작되게 하소서.
우리가 모두 함께 애쓰고 노력하게 하소서.
말씀으로 오신 예수 그리스도의 이름으로 기도합니다.
아멘!

Q 오늘 기도문을 읽고 하나님이 주신 자녀의 소중한 점을 써 보세요.

4

감사의 그릇

우리가 불평하는 많은 것들은 사실 감사할 그릇에 담겨 있습니다. 집이 좁아 불만인 사람은 이미 집이 있다는 것에 감사해야 합니다. 배우자 때문에 고민이라면 나는 결혼을 한 사람이라는 겁니다. 자식 때문에 속상하다면 나는 심지어 자녀까지 있습니다. 가지지 못했다면 불만할 수 없는 것들로 가득합니다. 당신은 무엇이 불만이신가요? 그 불만을 담고 있는 감사의 그릇을 먼저 보십시오. _김민정 저, 『쉬며 읽으며 쓰며』 중에서

76. 일과를 즐거이 마치는 성실함을 허락하소서

신실하신 하나님 아버지,
하루도 빼놓지 않고 모든 순간 우리를 기억하시는 아버지 감사합니다.
우리는 문득 하나님을 잊고 살지만,
아버지는 그렇지 않으심에 감사합니다.
아침마다 새로운 은혜를 부어 주시고, 그 인자하심 안에 거하게 하소서.
우리 가족을 향한 하나님의 신실하심이 우리를 지킬 줄 믿습니다.
나도 아버지를 향해 신실한 사랑을 품게 하소서.

주님이 선물로 주신 사랑하는 자녀를 위해 기도합니다.
그들에게 신실하신 하나님을 찬양합니다.
내가 졸 때도 하나님은 졸지 않으시고 그들을 돌보시니 감사합니다.
내가 그들을 미워하고 외면할 때조차도
하나님은 여전히 사랑으로 지키시니 감사합니다.
나의 손이 짧아 그들을 도울 수 없을 때도 하나님이 도우심을 믿습니다.
아버지의 이런 성실하신 사랑을 닮아 가는 자녀가 되게 하소서.
받는 것에 익숙하여, 주는 법을 모르는 아이가 되지 않게 하소서.
하나님의 성실하심을 닮아 그들이 주어진 삶에 성실하게 하소서.

> "이것들이 아침마다 새로우니
> 주의 성실하심이 크시도소이다"
>
> (애 3:23)

자신이 감당해야 하는 책임을 회피하지 않게 하소서.
매일 해야 하는 일들을 즐거이 행하는 성실함을 허락하소서.
그래서 인생이 짐이 아니라 즐거운 여정이라 여기게 하소서.
나이마다 주어지는 일들 앞에
함께하는 가족이 있고 하나님이 계심을 알게 하소서.
꾸준한 마음을 주셔서 시간을 쌓아
자신의 것을 만드는 자녀가 되게 하소서.
신실하신 예수 그리스도의 이름으로 기도합니다.
아멘!

Q 오늘 기도문을 읽고 부모인 나에게 필요한 은혜를 구해 보세요.

_____

_____

77 불가능보다 소망을 보는 사람이
되게 하소서

하나님 아버지,
자녀의 날들을 놓고 주님께 기도합니다.
하나님이 부르셔서 이 땅에 온 아이입니다.
하나님의 자녀입니다.
하나님을 알고 하나님과 친밀하며 하나님과 동행하는 삶이 되게 하소서.
매일 아버지와 동행하며 행복한 날을 보내길 기도합니다.

똑같은 일상을 살아도 부정적이지 않고 명랑하게 하소서.
삶을 해석할 때 어두운 면보다 밝은 면을 보는 아이가 되게 하소서.
불평의 말보다 감사의 말을 더 많이 하는 자녀가 되게 하소서.
똑같은 어려움을 당하여도
불가능을 보기보다 소망을 보는 사람이 되게 하소서.
실패를 당할 때 넘어진 자리에 머물기보다
일어날 곳을 바라보게 하소서.
그 마음에 밝음을 허락하소서.
그 영혼에 기쁨을 심어 주소서.
그 육체에 건강을 허락하소서.

> "눈이 밝은 것은 마음을 기쁘게 하고
> 좋은 기별은 뼈를 윤택하게 하느니라"
> (잠 15:30)

살아있음에 즐거워할 수 있는 마음을 허락하소서.
숨 쉬고 있음에 감사하는 사람이 되게 하소서.
인생을 해석하는 눈이 하나님의 눈을 닮게 하소서.
미래를 바라보고 소망의 길을 갈 줄 아는 지혜의 사람이 되게 하소서.
하나님과 동행하며 손을 내밀어
주님의 손을 붙잡고 가는 아이가 되게 하소서.
나의 주 예수 그리스도의 이름으로 기도합니다.
아멘!

Q 오늘 기도문을 읽고 하나님이 주신 자녀의 소중한 점을 써 보세요.

_____

_____

 ## 부모보다 더 지혜로운 자녀가
되게 하소서

하나님 아버지,
오늘도 살아갈 힘을 주시는 아버지 감사합니다.
하루를 살아가는 능력이 위대한 능력임을 고백합니다.
하루 24시간 속에서도 얼마나 많은 판단과 선택이 필요한지요.
그런 선택들 속에서 오늘까지 왔음에 감사합니다.
그 판단과 선택 가운데 함께하신 아버지 감사합니다.

자녀의 선택 속에 하나님이 함께하여 주소서.
세상에서 지혜로운 사람이 되게 하소서.
그리고 그 지혜가 선한 지혜가 되도록 인도하여 주소서.
나만 잘되기 위한 지혜가 아니라
모두가 잘되기 위한 지혜를 허락하소서.
온종일 직면하는 선택들 앞에서 선악과를 따먹지 않게 하소서.
하나님의 아름다운 지혜를 품은 자녀가 되길 원합니다.
자녀 안에 주님이 들어와 거주하여 주소서.
그래서 그들의 마음이 하나님의 임재로 가득 차게 하소서.

> "지혜 있는 자는 궁창의 빛과 같이 빛날 것이요
> 많은 사람을 옳은 데로 돌아오게 한 자는 별과 같이 영원토록 빛나리라"
> (단 12:3)

부모가 없는 자리에서도 그들의 선택과 함께하소서.
그리고 하나님의 지혜로 인해
부모보다 더 지혜로운 자녀가 되게 하소서.
작은 일부터 큰일까지 하나님께 의뢰하는 믿음을 갖길 원합니다.
모든 일을 하나님께 여쭤보고 결정하게 하소서.
작은 습관이 인생 전체를 바꿀 줄 믿습니다.
지혜의 근원이 되시는 예수 그리스도의 이름으로 기도합니다.
아멘!

Q 오늘 기도문을 읽고 부모인 나에게 필요한 은혜를 구해 보세요.

79 모든 문제가 하나님으로부터 해결되는 것을 믿습니다

친밀하신 하나님 아버지,
언제나 우리의 삶 가운데 친밀한 관계를 원하시는 아버지 감사합니다.
인간이 무엇이라고 우리와의 사랑의 관계를
기뻐하시는 아버지 찬양합니다.
참으로 부족하지만, 그 사랑을 받아들이고 또 올려 드립니다.
하나님과 사랑할 수 있는
놀랍고 존귀한 자녀의 자리를 주시니 감사합니다.
이 기쁨과 영광을 온전히 누리는 우리 가족이 되게 하소서.

가족 구성원 한 사람 한 사람이 모두 하나님을 사랑하길 원합니다.
결국 우리의 모든 문제는 하나님으로부터 해결되는 것을 믿습니다.
우리 가족이 모두 하나님을 향해 하늘을 바라보게 하소서.
그래서 모든 문제를 하나님 앞에 가지고 나아가게 하소서.
그리고 가족과 함께 기도함으로 문제를 헤쳐 나가게 하소서.
하나님과의 그 친밀함으로 인해
사람들을 더욱 사랑하는 자녀가 되게 하소서.
하나님이 허락하신 만남의 축복을 누리는 사람이 되길 원합니다.

> "여호와의 친밀하심이 그를 경외하는 자들에게 있음이여
> 그의 언약을 그들에게 보이시리로다"
>
> (시 25:14)

사람의 좋은 점을 발견하고 그들을 도우며,
또한 도움을 받고 사는 법을 배우게 하소서.
실망할 때도 있지만 감동할 때가 더 많음을 알게 하소서.
상처받을 때도 있지만
기쁨을 누릴 때가 더 많음을 알고 소중히 여기게 하소서.
하나님 앞에 있는 가정이 되길 원합니다.
자녀만 잘 되는 것이 아니라 부모도 잘 되는 가정이 되길 원합니다.
가족 모두가 하나님 앞에 쓰임 받는 가정이 되게 하소서.
우리의 예수 그리스도의 이름으로 기도합니다.
아멘!

Q 오늘 기도문을 읽고 하나님이 주신 자녀의 소중한 점을 써 보세요.

_____

_____

 하나님처럼 만물을 사랑하고 돌보는
마음을 갖게 하소서

하나님 아버지,
만물을 다스리시는 하나님 아버지의 높으심을 찬양합니다.
그 아버지가 우리 가정의 아버지 되심에 감사를 드립니다.
하나님의 주권이 우리 가정에 온전히 임하게 하소서.
잘못된 길로 갈 때 하나님의 다스림으로 말미암아 바로잡아 주소서.
우리의 피할 곳이 되어 주시고,
의지할 곳이 되어 주소서.

하나님이 인간에게 주신 다스림의 온전한 권세를 허락하소서.
하나님처럼 만물을 사랑하고 돌보는 마음을 갖게 하소서.
우리 자녀가 좋은 리더가 되기를 기도합니다.
대단하고 유명한 리더가 아니더라도
자신이 속한 곳에서 선한 리더가 되게 하소서.
하나님의 뜻을 전할 수 있는 좋은 사람이 되게 하소서.
함께하는 사람을 돌보는 마음으로 인도하는 성품을 허락하소서.
다스림은 누르고 밟고 올라서는 것이 아님을 잘 알게 하소서.

> "할 수 있거든 너희로서는
> 모든 사람과 더불어 화목하라"
> (롬 12:18)

섬기는 리더십을 가지고
모두를 하나님의 섭리대로 살게 하는 사람이 되게 하소서.
친구들과 더불어 지내는 어떤 공동체와 어떤 자리에서도
빛나는 사람이 되게 하소서.
그리고 그 빛남이 하나님의 빛을 닮게 하소서.
우리 자녀가 존재함으로 많은 사람이 기뻐하길 원합니다.
'저 사람 참 싫어'라는 소리를 듣지 않고
'저 사람 참 좋아'라는 말을 듣게 하소서.
마음에서 나오는 선한 리더십이 장점이 되게 하소서.
나의 선한 목자가 되시는 예수 그리스도의 이름으로 기도합니다.
아멘!

Q 오늘 기도문을 읽고 부모인 나에게 필요한 은혜를 구해 보세요.

81 / 나의 지혜 없음을 불쌍히 여기소서

만드시는 하나님 아버지,
우리를 빚으시고 만드신 아버지 감사합니다.
토기장이와 같이 우리를 빚으시고 만드실 때 그 목적이 있는 줄 압니다.
나는 그 목적대로 살아가고 있는지 다시 돌아봅니다.
그리고 우리 자녀를 생각하며 아버지 앞에 기도합니다.
어떤 마음으로 이 자녀를 빚으셨을지 기대하고 기도합니다.

하나님이 나의 자녀로 허락하셨지만,
나의 지혜 없음을 불쌍히 여기소서.
내게 미래를 내다볼 능력이 없음을 불쌍히 여기소서.
그래서 자녀의 미래를 주님께 의탁합니다.
그들은 어떤 재능을 가지고 있습니까? 어떤 직업을 가지면 좋을까요?
나의 자녀가 어떤 약점을 보완하면 좋을지 알려 주소서.
나의 자녀에게 어떤 격려가 가장 적합할지 알려 주소서.
부모로서 어떻게 인도해야 그들이 상처를 받지 않고 잘 따라올까요?
아버지, 지금 자녀는 어떤 생각을 하며 살고 있나요?
지금 그들의 최대 고민은 무엇인가요?

> "여호와의 말씀이니라 너희를 향한 나의 생각을 내가 아나니
> 평안이요 재앙이 아니니라 너희에게 미래와 희망을 주는 것이니라"
> (렘 29:11)

다 아는 척했지만 사실 아무것도 모름을 고백합니다.
순간순간 깨닫게 하시고 지혜를 주소서.
자녀를 바라볼 때 이런 것들을 눈치챌 수 있게 도와주소서.
자녀의 미래를 아시는 예수 그리스도의 이름으로 기도합니다.
아멘!

Q 오늘 기도문을 읽고 하나님이 주신 자녀의 소중한 점을 써 보세요.

내가 아닌 자녀로부터
다시 출발하겠습니다

오늘 복 주시는 하나님 아버지,
하루마다 복을 주셔서
그 하루를 살아갈 수 있게 하시는 아버지 감사합니다.
어제의 모든 고민을 내려놓고 주님 앞에 나아갑니다.
자녀를 생각할 때 나의 뜻대로 되지 않아
속상했던 마음도 내려놓습니다.
나의 기대가 전혀 가망이 없어 보일 때 낙망했던 마음도 내려놓습니다.
많은 것을 바라지 않았지만,
그것조차 불가능할 때 섭섭했던 마음도 내려놓습니다.

나는 무엇을 기대하고 있는 것인지요.
내가 원하는 것은 그렇게 대단하고 큰 것인지요.
사랑하는 마음으로 하는 것인데
마치 미워하는 사람처럼 대접받을 때 황당합니다.
때로 하루를 넘어가는 일이 얼마나 어려운지 한숨이 나옵니다.
어디서부터 풀어 가야 할지 모를 때 간절히 주님께 매달립니다.
아버지, 도와주소서.
나로부터 출발하지 않고 자녀로부터 다시 출발하겠습니다.

> "이에 그들이 근심 중에 여호와께 부르짖으매
> 그들의 고통에서 건지시고"
> (시 107:6)

나의 버거움과 섭섭함에서 출발하지 않겠습니다.
그들의 마음 가운데 있는 고통과 어려움에서 다시 출발하게 하소서.
그러기 위해 먼저 그들의 마음을 들여다보길 원합니다.
아버지, 그들의 마음 가운데 보이지 않던 것들이 보이게 하소서.
전혀 예상하지 못했던 실마리를 찾기 위해
모든 선입견을 내려놓게 하소서.
아버지의 도움으로 다시 시작할 용기를 얻습니다.
우리 가정을 살리시는 예수 그리스도의 이름으로 기도합니다.
아멘!

Q 오늘 기도문을 읽고 부모인 나에게 필요한 은혜를 구해 보세요.

# 자녀의 반항 속에 담긴 절규를 듣게 하소서

울타리가 되어 주시는 하나님 아버지,
적들이 침입할 때 견고한 성이 되어 주시는 아버지 감사합니다.
땅이 흔들리고 바다가 요동치고
천지가 흔들릴 때도 지키시는 아버지 감사합니다.
온 사방이 혼돈에 빠져도
그 성안에 아버지께서 함께 계시면 문제 될 것이 없습니다.
모든 적으로부터 지키는 울타리가 되어 주시는 아버지를 찬양합니다.
우리 가정의 울타리가 되어 사탄의 공격에서 우리를 지켜 주소서.

사춘기를 만나고 회복을 거부하며
마음을 닫아 버린 자녀가 있다면 더욱 함께하소서.
우리 자녀가 그 시절을 지날 때 주님이 더욱 면밀히 도와주소서.
사춘기를 지나 청년이 되고 어른이 되었더라도
아직 닫힌 마음이 있다면 회복하게 하소서.
대화가 되지 않을 때 다리가 되어 주소서.
연결 고리가 끊어지려고 할 때 우리를 강력한 손으로 붙들어 주소서.

> "아비들아 너희 자녀를
> 노엽게 하지 말지니 낙심할까 함이라"
> (골 3:21)

자녀의 원망 소리를 들을 때 인내하게 하소서.
그리고 그들의 아우성 속에 담긴
사랑받기 원한다는 절규를 듣게 하소서.
엄마의, 아빠의 인정이 제일 필요했다고 부르짖는 음성을 듣게 하소서.
자녀의 모든 반항 안에 담긴 하나의 메시지를 듣게 하소서.
날 사랑해 달라고, 날 믿어 달라고, 난 당신들의 지지가 필요하다고.
그들의 반항의 크기만큼
내 사랑이 필요하다는 고백임을 알아듣게 하소서.
어떤 자녀에게도 중요하지 않은 부모는 절대 없음을 믿게 하소서.
그들이 나를 이렇게 필요로 한다는 것이
희망이 되어 다시 일어서게 하소서.
우리를 붙들어 주시는 예수 그리스도의 이름으로 기도합니다.
아멘!

Q 오늘 기도문을 읽고 하나님이 주신 자녀의 소중한 점을 써 보세요.

---

84. 청명한 주님의 음성으로 지켜 주소서

반석이 되시는 하나님 아버지,
우리 삶의 반석이 되시는 아버지 감사합니다.
땅이 흔들릴 때 굳건한 반석이 되셔서 우리를 견고히 서게 하셨습니다.
그 하나님을 신뢰하며 매일을 살아갑니다.
오늘도 우리 가정에 그런 반석 같은 존재가 되어 주소서.
우리 모두의 신앙고백이 하나님을 기쁘시게 하길 원합니다.

소중한 자녀의 마음 가운데
이런 하나님을 견고하게 믿는 신앙을 허락하소서.
어떤 상황에서도 흔들리지 않는 신앙을 갖게 하소서.
세상 사람이 다 떠나도 주님은 절대 떠나지 않는 분임을 알게 하소서.
그래서 살아가면서 어떤 상황이 닥쳐도
하나님을 떠나지 않고 주님께 붙어 있는 자녀가 되길 원합니다.
무엇보다 신앙을 지킬 줄 아는 견고한 믿음을 갖게 하소서.
세상의 수많은 정보와 볼거리, 들을 거리 속에서
하나님의 음성을 분별하게 하소서.

> "내 양은 내 음성을 들으며
> 나는 그들을 알며 그들은 나를 따르느니라"
> (요 10:27)

소음 속에 살아가야 할 자녀의 삶에서
청명한 주님의 음성이 이들을 지키게 하소서.
가장 큰 평안을 주시는 그 음성을,
가장 안전하게 하시는 주님의 목소리를 듣게 하소서.
양은 목자의 음성을 알고 따른다 하였습니다.
참된 목자의 참된 양이 되게 하소서.
매일 불러 주소서. 매일 말씀하여 주소서.
우리가 듣겠나이다.
자녀를 품에 품고 주님의 음성을 듣겠나이다.
나의 목자 되시는 예수 그리스도의 이름으로 기도합니다.
아멘!

Q 오늘 기도문을 읽고 부모인 나에게 필요한 은혜를 구해 보세요.

_____

_____

# 주어진 분깃에 만족하며 감사하게 하소서

하나님 아버지,
오늘 우리의 하루를 유쾌한 선물로 주신 아버지 감사합니다.
작은 시간에 감사하고 작은 것들을 주심에 감사합니다.
누리는 모든 것이 아버지에게서 왔음에 감사합니다.
우리 가족이 하루를 즐겁게 사는 법을 배우길 원합니다.
크고 대단한 것이 아니어도 소소한 일에 행복하게 하소서.

사랑하는 자녀의 일상에 웃음이 넘치길 원합니다.
그들이 가장 좋아하는 일을 찾고, 그 일을 하며 만족하길 원합니다.
원대한 꿈을 꾸느라 버겁고 전투적인 인생을 살기보다
주어진 것에 만족하며 좋은 일들로 인해
웃을 수 있는 삶을 살길 원합니다.
위대한 부르심이 있다면 순종하겠으나
그렇지 않은 평범한 삶에도 감사하게 하소서.
주어진 분깃에 만족하며 감사하는 사람이 되게 하소서.
하나님이 주신 것이라면 그 무엇도 감사로 받아들이게 하소서.
다만 남의 것을 부러워하고 따라가다 길을 잃지 않게 하소서.

> "너희 안에서 행하시는 이는 하나님이시니
> 자기의 기쁘신 뜻을 위하여 너희에게 소원을 두고 행하게 하시나니"
> (빌 2:13)

자녀가 자신의 길을 기쁨으로 찾아가게 하시고,
부모가 그것을 격려하게 하소서.
부모가 잘못된 길을 가게 하는 가장 큰 유혹거리가 되지 않게 하소서.
자녀의 마음에 소원을 심어 주소서.
그리고 그 소원을 향해 가는 길이 기쁨의 소풍 길 같게 하소서.
우리의 행복을 기뻐하시는 예수 그리스도의 이름으로 기도합니다.
아멘!

Q 오늘 기도문을 읽고 하나님이 주신 자녀의 소중한 점을 써 보세요.

완벽할 수는 없지만 화목한 가정이 되게 하소서

회복의 하나님 아버지,
언제나 우리의 삶에 회복을 주시는 아버지 감사합니다.
어제의 모든 근심과 걱정을 주님 앞에 내려놓습니다.
내 힘으로 해결할 수 없는 많은 것들을 주님 앞에 놓습니다.
모든 문제를 티끌같이 보시는 아버지께서 맡아 주소서.
감당할 수 없는 큰일들을 주님이 처리하여 주소서.

우리 가정의 회복을 허락하여 주소서.
아직 하나님 앞에서 온전한 가정이 되기에는 부족합니다.
완벽할 수는 없지만 그래도 화목한 가정이 되게 하소서.
평범하지만 웃고 함께 나눌 수 있는 가정이 되게 하소서.
자녀가 우리 집에 태어나길 잘했다는
생각을 하는 가정이 되게 하소서.
자녀의 마음속에 어려움이 있다면 하나님의 은혜로 어루만져 주소서.
부모도 알 수 없는 그들의 고민과 상처를 주님께서 싸매어 주소서.
작은 것이라도 도울 수 있도록 자녀와 대화하기를 원합니다.
그들의 표현 방식에 집중하지 않고 표현하려는 마음에 집중하겠습니다.

"너희를 불러 그의 아들 예수 그리스도 우리 주와
더불어 교제하게 하시는 하나님은 미쁘시도다"

(고전 1:9)

좋은 일과 나쁜 일 모두 함께 나누기를 원합니다.
자녀의 짐의 일부라도 함께 지고 가는 부모가 되게 하소서.
아무것도 알지 못한 채 점점 멀어지지 않게 하소서.
서로를 이해하기 위해 작은 것부터 애쓰는 가정이 되게 하소서.
우리를 새롭게 하시는 예수 그리스도의 이름으로 기도합니다.
아멘!

Q 오늘 기도문을 읽고 부모인 나에게 필요한 은혜를 구해 보세요.

_____

_____

부모의 여정이 자녀에게 용기가 되게 하소서

하나님 아버지,
이 세상을 만드시고 사랑하시고 구원하신 아버지 감사합니다.
이 세상에는 선한 것도 있고 악한 것도 있지만
이 모든 것을 긍휼히 여기시니 감사합니다.
나의 선함도, 나의 악함도 주님의 사랑 앞에
아무것도 아님을 고백합니다.
그 크신 아버지의 사랑이 모든 것을 덮으셨습니다.
그 사랑의 힘이 때때로 악한 것을 선택하는 나의 삶을 이기게 하십니다.

인생이 얼마나 버거운 것인지 알기에 자녀를 위해 날마다 기도합니다.
사랑하는 마음에 그들은 나보다 잘살기를 원하게 됩니다.
너무 귀해서 그들은 어렵지 않기를 간구하게 됩니다.
그러나 아무리 잘살고 편안해도 인생은 어려운 것임을 고백합니다.
그 때문에 무엇보다 하나님의 크신 사랑을 구할 수밖에 없습니다.
아버지, 우리 자녀를 더욱더욱 사랑하여 주소서.
그들의 인생에 일어나는 수만 가지 일을 제가 어떻게 막아서겠습니까.
결국 그들이 이겨 내야 할 세상에서 힘을 주소서.

> "환난 날에 나를 부르라 내가 너를 건지리니
> 네가 나를 영화롭게 하리로다"
> (시 50:15)

그 크신 아버지의 사랑으로 우리 아이의 삶을 덮어 주소서.
어느 곳에서든지, 어떤 상황에서든지 아버지와 더불어 이기게 하소서.
수많은 환난과 어려움에서 건져
여기까지 인도하신 주님을 의지합니다.
나의 삶이 자녀에게 증거가 되게 하소서.
부모의 여정이 아이에게 용기가 되게 하소서.
나의 힘이 되시는 예수 그리스도의 이름으로 기도합니다.
아멘!

Q 오늘 기도문을 읽고 하나님이 주신 자녀의 소중한 점을 써 보세요.

_____

_____

88 온전한 성인으로 사회에서 살아갈 날을 꿈꾸게 하소서

하나님 아버지,
오늘도 맑은 하늘과 비와 구름과
해와 달을 선물로 주신 아버지 감사합니다.
누리고 사는 모든 것들이 우리를 위한 선물임에 감사합니다.
바람이 불 때 그 시원함에 감사할 줄 알게 하소서.
우리 가정 가운데 아이를 허락하셔서 자라게 하시니 감사합니다.
아버지께서 허락하신 생명을 기뻐하고 감사합니다.

세상이 점점 험해지고 악해지고 환경이 나빠지고 있지만
그런데도 아직 하나님이 창조하신 많은 것들을
누릴 수 있음에 감사합니다.
나에게 허락하신 자녀는 세상의 어떤 창조물보다 귀하고 아름답습니다.
이따금 키우기 힘들 때도 있고, 짐스럽게 느껴질 때도 있습니다.
그러나 다시 돌아보게 하소서. 이 생명이 얼마나 존귀한지를.
이 자녀가 온전한 성인으로 사회에서 살아갈 날을 꿈꾸게 하소서.
멋진 성인이 되어 하나님을 찬양하며
선하고 아름다운 일을 할 것을 기대합니다.

> "마땅히 행할 길을 아이에게 가르치라
> 그리하면 늙어도 그것을 떠나지 아니하리라"
> (잠 22:6)

아버지께서 주신 그들만의 영적인 분깃을 가지고
멋지게 살아가게 하소서.
내가 꿈꾸는 모든 것을 뛰어넘는 더욱 아름다운 사명을 허락하소서.
그 과정에서 내가 돌보아야 할 때 기대를 버리지 않게 하소서.
흐르는 순간마다 그 나이 때의 예쁨을 놓치지 않게 하소서.
성장해 가는 모든 순간을 즐기고 누리는 부모가 되게 하소서.
그들의 장점을 보고 하나님을 찬양하며
앞으로의 삶을 더욱 기대하게 하소서.
우리 가정의 소망이 되시는 예수 그리스도의 이름으로 기도합니다.
아멘!

Q 오늘 기도문을 읽고 부모인 나에게 필요한 은혜를 구해 보세요.

역사 속 신앙인들을 통해 부족함을 채우게 하소서

역사의 하나님 아버지,
인간의 역사를 모두 아시고 지키시고 인도하신 아버지 감사합니다.
우리 자녀를 위해 기도합니다.
얼마나 많은 인간이 이 세상에서 살고 죽었는지요.
그중에 얼마나 아름다운 사람들이 많이 있었는지요.
우리 가족이 아버지 앞에
아름다운 인생으로 살아가길 원합니다.

특별히 우리 자녀의 삶이
아버지 앞에 가치 있는 인생이 되기를 원합니다.
세상의 역사에 남을 인생보다
하나님의 역사에 남을 인생이 되기를 원합니다.
그들의 삶을 바라보면서
하나님이 심히 기뻐하시는 사람이 되게 하소서.
모든 사람에게 자녀의 존재가 귀히 여겨지게 하소서.
이 땅에 존재해 다행인 사람으로 성장하게 하소서.

"이를 위하여 나도 내 속에서 능력으로 역사하시는 이의
역사를 따라 힘을 다하여 수고하노라"
(골 1:29)

여호수아와 같은 용기를 허락하소서.
요시야와 같은 개혁의 정신을 허락하소서.
느헤미야와 같은 리더십을 허락하소서.
한나와 같은 기도의 삶을 허락하소서.
마리아와 같은 헌신의 결단을 허락하소서.
역사 속 신앙인들의 모습을 통해
자신의 부족함을 채울 줄 아는 아이가 되게 하소서.
또 자신만의 것을 만들며 담대하게 세상을 살아가게 하소서.
아버지의 이름을 부르며 찬양이 넘치는 자녀가 되게 하소서.
나의 주 예수 그리스도의 이름으로 기도합니다.
아멘!

Q 오늘 기도문을 읽고 하나님이 주신 자녀의 소중한 점을 써 보세요.

90. 실수에서 자유하게 하소서

자유의 하나님 아버지,
진리 안에 자유를 허락하신 아버지 감사합니다.
하나님 아버지 안에 진리가 있음을 믿습니다.
우리 가족의 삶이 진리 안에 거하게 하소서.
죄를 지으려는 자에게는 진리가 거슬리는 것이지만,
순종하는 자에게는 진리가 자유임을 믿습니다.

우리 아이의 삶 속에 진리 안에서의 자유가 넘치게 하소서.
하나님 안에서 무엇이든 선택할 수 있는 참 자유를 허락하소서.
이것도 저것도 사람들의 눈치를 보느라 망설이고 후회하지 않게 하소서.
하나님이 주신 나의 삶을 살면서 남 때문에 망설이지 않게 하소서.
타인의 기준에 맞추느라 하나님의 기준을 버리지 않게 하소서.
자녀가 실수할 때 손뼉을 쳐 줄 수 있게 하소서.
실수하기 전에 했던 그 용감한 선택을 칭찬하게 하소서.
실수가 아무렇지 않음을 알고 다시 도전하는 인생이 되게 하소서.
실수에서 자유하게 하소서.

> "진리를 알지니
> 진리가 너희를 자유롭게 하리라"
> (요 8:32)

하나님 앞에서 어떤 실수도 다시 만회할 수 있음을 믿습니다.
내가 자녀의 길을 제약하여 옳은 길로 가게 하지 않고
자녀가 스스로 길을 선택해서 옳은 길을 찾게 하소서.
하나님의 손안에서
그들은 선택의 자유도, 실수의 자유도 가질 수 있습니다.
그 하나님의 손을 믿고 맡겨 드립니다.
예수님의 이름으로 기도합니다.
아멘!

Q 오늘 기도문을 읽고 부모인 나에게 필요한 은혜를 구해 보세요.

_____

_____

91. 영적인 유산을 풍성히 물려주게 하소서

하나님 아버지,
우리 가정을 하나님을 아는 가정으로 인도하시니 감사합니다.
사도행전 16장 말씀처럼 내가 믿는 예수님으로 인해
우리 가족이 구원의 길로 가게 될 것을 믿습니다.
신앙의 깊이가 더욱 깊어지는 가정이 되게 하소서.
그 안에서 우리 자녀가 하나님을 만나는 축복을 허락하소서.

세상에 많은 유산이 있지만, 영적인 유산보다 더 귀한 것은 없습니다.
세상의 유산을 남겨 주기 위해 부모는 일평생 고군분투합니다.
그러나 물질의 유산에 집착하지 않고
영적인 유산에 더 집중하게 하소서.
돈은 있다가도 없을 수 있으나 구원은 영원한 것임을 기억합니다.
아버지여, 영적인 유산을 풍성히 가진 부모가 되어
그 풍성함을 물려주게 하소서.
가진 것이 없이 어찌 물려줄 것이 있겠습니까.
부모가 먼저 아버지의 풍성한 영적 유산을 누리게 하소서.

> "내가 주의 택하신 자가 형통함을 보고 주의 나라의 기쁨을
> 나누어 가지게 하사 주의 유산을 자랑하게 하소서"
>
> (시 106:5)

그것을 보여 줘야 좋은 줄 알고, 탐낼 줄 믿습니다.
돈을 탐내는 마음이 아니라 하나님을 탐내는 마음으로 키우게 하소서.
하나님과 함께하는 삶이 얼마나 아름다운 것인지 보여 주게 하소서.
아버지의 것을 간절히 원합니다.
하나님이 온전한 선물이 되어 주소서.
자녀에게 남겨 주는 최대의, 최고의, 최상의 유산이
하나님 아버지가 되게 하소서.
나의 모든 것이 되시는 예수 그리스도의 이름으로 기도합니다.
아멘!

Q 오늘 기도문을 읽고 하나님이 주신 자녀의 소중한 점을 써 보세요.

_____

_____

위로할 줄 아는 따뜻한 마음을 허락하소서

아름다우신 하나님 아버지,
선하고 아름다우신 아버지 감사합니다.
나의 아버지가 되어 주시는 하나님을 찬양합니다.
우리 가족 모두의 하나님이 되어 주시는 아버지께 감사를 드립니다.
우리를 이 땅 가운데 보내시고 살게 하시니 감사합니다.
무엇보다 하나님을 알고, 만나고, 누리고, 동행하게 하시니 감사합니다.

이 세상에 살면서 그리스도의 향기가 나는 가정이 되길 원합니다.
무엇보다 우리 자녀가 그런 사람으로 성장하길 원합니다.
강렬하지는 않더라도 사람의 향기를 풍겨
사람들을 복되게 하길 원합니다.
공부해서 나만 잘되는 것이 아니라
남을 잘되게 하는 사람이 되게 하소서.
노력해서 나만 축적하는 삶이 아니라 나누는 사람이 되게 하소서.
각박해진 세상에서 따스함을 전달하는 사람으로 성장하게 하소서.
사람을 위로할 줄 아는 마음을 허락하소서.
지친 사람을 격려하고 일으키는 사람이 되게 하소서.
잘못한 사람을 용서할 줄 아는 너그러운 사람이 되게 하소서.

> "그의 가지는 퍼지며 그의 아름다움은 감람나무와 같고
> 그의 향기는 레바논 백향목 같으리니"
>
> (호 14:6)

그 사람됨의 향기가 어느 곳에서든지 아름답게 퍼지게 하소서.
그런 삶이 자신에게도 행복이 되게 하소서.
날마다 그리스도를 묵상하며 그 길을 따르는 깊이를 허락하소서.
어린 시절부터 성공에 매어
그들의 긴 인생의 그림을 놓치지 않게 하소서.
우리의 목적이 되시는 예수 그리스도의 이름으로 기도합니다.
아멘!

Q 오늘 기도문을 읽고 부모인 나에게 필요한 은혜를 구해 보세요.

_____

_____

93 생수의 기쁨을 자녀와 함께 맛보게 하소서

하나님 아버지,
목마른 자에게 생수를 허락하시는 아버지 감사합니다.
인생의 모든 갈급함을 해결할 수 있는 분은
오직 하나님이심을 믿습니다.
우리 삶의 모든 목마름을 가지고 주님 앞에 나아갑니다.
우리의 갈함을 불쌍히 여기시고 넉넉한 은혜를 부어 주소서.
세상이 알 수 없는 평안으로 우리 가정을 인도하여 주소서.

자녀를 주님께 올려 드립니다.
그들의 인생을 주님이 책임져 주소서.
나의 힘으로 그들을 인도할 수 없음을 고백합니다.
그들의 진정한 목마름을 접하여도 부어 줄 생수가 없음을 고백합니다.
어쩌면 나는 오히려 그들의 목마름을 더욱 부추길지도 모르겠습니다.
부모의 욕심으로 인해 그들을 옥죄고 있지는 않은지 돌아봅니다.
나는 그들에게 생수와 같은 부모입니까,
그들의 목마르게 하는 자입니까.
자녀와 함께 생수의 근원이 되시는 주님께 나아가게 하소서.

> "하나님이여 사슴이 시냇물을 찾기에 갈급함 같이
> 내 영혼이 주를 찾기에 갈급하니이다"
> (시 42:1)

그것조차 강제로 끌고 가는 것이 아니라
생수의 기쁨을 맛보도록 돕게 하소서.
부모가 자녀의 적이 되지 않게 하소서.
그들의 기억에 내가 자신들을 괴롭히는 대상으로
전락하지 않게 하소서.
사랑의 이름으로 폭정을 행하지 않게 하소서.
나의 사랑은 어떤 모습인지 돌아봅니다.
참된 생수가 되시는 예수 그리스도의 이름으로 기도합니다.
아멘!

Q 오늘 기도문을 읽고 하나님이 주신 자녀의 소중한 점을 써 보세요.

_____

_____

94 모든 연약함을 아버지의 능력으로 감당하여 주소서

만군의 여호와 하나님 아버지,
모든 만물의 주인이 되시는 아버지를 찬양합니다.
아버지의 이름을 부르며 주님을 높여 드립니다.
이 세상의 모든 것을 만드시고 다스리시는 주님 앞에 나아갑니다.
한낱 피조물에 지나지 않는 존재로 주님 앞에 나아갑니다.
모든 연약함을 아버지의 능력으로 감당하여 주소서.

나의 삶을 이끌며 사는 것도 때로 혼란스럽고 어려웠습니다.
하물며 귀한 자녀로 주신 생명을 인도하는 것이 참으로 어렵습니다.
아버지의 도우심이 없으면 할 수 없는 일임을 고백합니다.
매일 기도로 아버지 앞에 나아갑니다.
도우시고, 살피시고, 인도하여 주소서.
자녀만이 아니라 우리 가정 가운데 도우심이 필요합니다.
혼자만의 힘으로 할 수 없습니다. 우리 가족이 하나가 되게 하여 주소서.
하나님을 중심으로 하나가 되어
함께 도우며 살아가는 가정이 되게 하소서.
혼자만 몸부림치다 지치는 일이 없게 하소서.

> "너희는 약한 손을 강하게 하며
> 떨리는 무릎을 굳게 하며"
> (사 35:3)

무엇보다 기도하는 가족이 되길 원합니다.
하나님 앞에 나아갈 때
우리가 생각하지 못한 지혜를 얻을 줄 믿습니다.
인간의 지혜를 구하기보다
먼저 주님 앞에 무릎을 꿇는 가정이 되게 하소서.
나의 주 예수 그리스도의 이름으로 기도합니다.
아멘!

Q 오늘 기도문을 읽고 부모인 나에게 필요한 은혜를 구해 보세요.

_____

_____

95 자녀의 존재만으로 기뻐하던 마음을 회복하게 하소서

새롭게 하시는 하나님 아버지,
모든 것을 새롭게 하시는 아버지 감사합니다.
오늘을 어제와 다르게 새롭게 하시니 감사합니다.
하나님 앞에서 옛것은 지나가고 새로운 피조물이 되는 것을 믿습니다.
우리 가정도 모든 옛것을 버리고 새롭게 하소서.
하루를 시작하는 날마다 새로운 마음으로 시작하는 은혜를 허락하소서.

관계가 오래되면 식상하고 소중히 여기는 마음을 잃어버립니다.
자녀를 처음 임신했던 때의 기쁨을 잊어버렸습니다.
그저 건강하게만 나와 주기를 기다렸던 마음은 온데간데없습니다.
잘 자고 잘 먹기만 해도 감사했던 때의 기쁨은 사라졌습니다.
말도 잘 들어야 하고, 공부도 잘해야 하고, 돈도 잘 벌어야 합니다.
시간이 지날수록 기대하는 것이 점점 더 많아지고 있습니다.
내 성에 차지 않는 것들을 찾아가며
못마땅해하는 것을 용서하소서.
오늘 자녀를 향한 나의 마음을 새롭게 하소서.

> "너희는 이 세대를 본받지 말고 오직 마음을 새롭게 함으로 변화를 받아
> 하나님의 선하시고 기뻐하시고 온전하신 뜻이 무엇인지 분별하도록 하라"
> (롬 12:2)

건강하니 말을 잘 듣길 바라고,
말을 잘 들으니 공부를 잘하길 바랍니다.
공부를 잘하니 성공하길 바라고, 끝도 없이 요구하기만 합니다.
감사가 없어졌음을 용서하소서.
자녀의 존재와 건강만으로
기뻐하고 기뻐하던 마음을 회복하게 하소서.
가족 모두를 새로운 마음으로 바라보고 존귀하게 여기게 하소서.
날마다 새로운 마음으로 사랑해 주시는
예수 그리스도의 이름으로 기도합니다.
아멘!

Q 오늘 기도문을 읽고 하나님이 주신 자녀의 소중한 점을 써 보세요.

---

96 세대 간 소통의 길을 열어 주소서

하나님 아버지,
시대를 이끄시며 세상을 인도하시는 아버지 감사합니다.
세상의 변화가 너무 빨라 따라잡기 힘든 시간을 보내고 있습니다.
예상하지 못한 일들로 가득한 세상에서 우리를 지켜 주소서.
이제까지 살아왔던 방법대로 살 수 없는 세상 속에 있습니다.
우리 세대가 알지 못하던 시대가 왔음을 고백합니다.

자녀의 세대를 읽을 수 없는 무지함을 살펴 주소서.
그들의 세상과 우리의 세상이 너무 달라져 버렸습니다.
그들의 언어와 우리의 언어가 다름에
어떻게 좇아가야 할지 모르겠습니다.
이 단절된 세대 속에서 자녀와 하나가 될 수 있는 길을 열어 주소서.
그들의 언어와 그들의 생각을 이해할 수 있는 소통의 길을 열어 주소서.
시간의 주관자가 되시는 하나님의 도우심이 필요합니다.
이 세대를 이끌고 계시는 아버지의 지혜가 오늘 저에게 필요합니다.
열린 마음으로 다음 세대를 받아들이게 하소서.
나의 기준으로 판단하고 못마땅해하다가 그들을 잃을까 두렵습니다.

> "이는 그들로 마음에 위안을 받고 사랑 안에서 연합하여
> 확실한 이해의 모든 풍성함과 하나님의 비밀인 그리스도를 깨닫게 하려 함이니"
>
> (골 2:2)

그들의 세상에 함께할 수 있는 지혜를 갖게 하소서.
자녀와 함께 이 변화된 세상에서
행복하게 살아가는 법을 배우게 하소서.
부모인 우리가 먼저 자녀를 품어 안게 하소서.
그들을 판단하기 전에 이해하려고 노력하는 우리가 되게 하소서.
시간의 주인이신 예수 그리스도의 이름으로 기도합니다.
아멘!

Q 오늘 기도문을 읽고 부모인 나에게 필요한 은혜를 구해 보세요.

97 열등감에서 벗어나 하나님을 찬양하게 하소서

하나님 아버지,
우리를 만드시고 기르시고 인도하시는 아버지 감사합니다.
약하지만 소중한 존재로 창조하심에 감사를 드립니다.
죄를 짓지만 가장 사랑받는 존재로 여겨 주시니 감사합니다.
인간의 모든 죄와 약함에도 불구하고
자녀라는 이름으로 용납하시니 감사합니다.
아버지의 그 사랑이 우리 모두의 자존감임을 찬양합니다.

우리 자녀도 동일한 사랑을 받고 있음에 감사합니다.
살면서 그들에게 열등감이 찾아올 때
이 자존감을 기억하게 하소서.
자신이 신의 사랑을 받는 존재라는 사실을 기억하게 하소서.
위대한 하나님이 지키시는 존재라는 것을 알게 하소서.
그래서 모든 열등감에서 단번에 벗어나 하나님을 찬양하게 하소서.
사람들에게 정죄를 당할 때, 스스로 무너질 때도
자신의 존귀함을 기억하게 하소서.

"그러나 자족하는 마음이 있으면
경건은 큰 이익이 되느니라"
(딤전 6:6)

예수 그리스도의 죽으심이,
나를 위한 신의 죽으심이라는 자긍심을 갖게 하소서.
세상 어떤 명예나 권력과 비교할 수 없는 높은 신분임을 알게 하소서.
사람의 인정도 중요하지만,
혹여 그것을 받지 못해 낙망할 때 기억하게 하소서.
신의 인정을 받는 사람으로 살아가는 기쁨을 알게 하소서.
날마다 이것을 상기시키는 부모가 되길 원합니다.
자녀에게 그들이 얼마나 소중한 존재인지
말해 주는 부모가 되겠습니다.
모든 자존감의 근원이 되시는 하나님을 찬양하는 가정이 되겠습니다.
내 존재의 힘이 되시는 예수 그리스도의 이름으로 기도합니다.
아멘!

Q 오늘 기도문을 읽고 하나님이 주신 자녀의 소중한 점을 써 보세요.

---

98 수억만 개의 나뭇잎조차 같은 것이 없음을 압니다

창조의 하나님 아버지,
모든 사람을 아름답고 독특하게 만드신 아버지 감사합니다.
이 세상 수억만 개의 나뭇잎조차 하나도 같은 것이 없음을 압니다.
그만큼 모든 사람을 각자 다른 모습으로 창조하심에 감사합니다.
다르기 때문에 함께할 때 의미가 있음을 믿습니다.
한 가족이지만 그런 다름이 있음에 감사합니다.

우리 아이가 자신의 독특함을 아름답게 여기게 하소서.
그것이 하나님의 창조의 질서이며 뜻임을 받아들이길 원합니다.
부모인 내가 먼저 받아들이고 기뻐하게 하소서.
자신의 모습에서 하나님의 창조의 섭리를 발견하고 감사하게 하소서.
그리고 자신만이 가지고 있는 것을 귀하고 아름답게 여기게 하소서.
자신이 가진 모습을 통해
자신만의 인생을 만들어 나가길 원합니다.
다수의 기준에 의한 평가와 기대가 아니라
하나님의 기준에 맞추어 살게 하소서.
하나님이 아름답다 하신 것을 내가 추하다 여기지 않게 하소서.

> "이런 것이 너희에게 있어 흡족한즉 너희로 우리 주 예수 그리스도를
> 알기에 게으르지 않고 열매 없는 자가 되지 않게 하려니와"
> (벧후 1:8)

하나님이 선하다 하신 것을 사람들의 시선으로 평가하지 않게 하소서.
감사로 받으면 버릴 것이 없음을 믿습니다.
자녀의 독특함을 유별남으로 폄하하지 않고
자세히 들여다보게 하소서.
천천히, 자세히 들여다보며
그들이 가진 독특한 아름다움을 발견하게 하소서.
하나님의 음성을 들으며 그 뜻을 발견하게 하소서.
실수가 없으신 예수 그리스도의 이름으로 기도합니다.
아멘!

Q 오늘 기도문을 읽고 부모인 나에게 필요한 은혜를 구해 보세요.

99 다만 혼자라고 느꼈을 뿐
언제나 함께하셨습니다

동행하시는 하나님 아버지,
우리를 버려두지 않으시고
날마다 만나고 동행하길 원하시는 아버지 감사합니다.
우리는 단 한순간도 혼자인 적이 없었습니다.
다만 혼자라고 느꼈을 뿐 언제나 하나님이 함께하셨습니다.
혼자 고독을 느끼고 혼자 버려졌다고 원망하지 않게 하소서.
영적인 눈을 떠 하나님이 곁에 계심을 바라보게 하소서.

우리 가정이 어려움을 당할 때도
하나님이 항상 함께 계셨음을 믿습니다.
환난때문에 아무것도 볼 수 없을 때도
하나님은 여전히 동행하셨습니다.
그 하나님이 우리 자녀와 동행하여 주심에 감사합니다.
아직 어려서 곁에 계신 하나님을 볼 수 없을지라도 함께하소서.
그들이 속히 영적인 눈을 떠서 곁에 계신 하나님을 보게 하소서.
그들이 혼자 있을 때 버려졌다고 생각하지 않게 도와주소서.

> "아버지가 이르되 얘 너는 항상 나와
> 함께 있으니 내 것이 다 네 것이로되"
> (눅 15:31)

언제나 부모가 함께하며,
성령 하나님이 전적으로 도우심을 알게 하소서.
아이가 홀로 있을 때 주님이 함께한다고 말씀하여 주소서.
그들의 영적인 귀를 열어 주시고, 영적인 눈을 열어 주소서.
그들의 영혼이 아버지를 느낄 수 있게 만나 주소서.
어느 곳에서든 그들이 담대한 삶을 살아갈 수 있게 도와주소서.
하나님이라는 뒷배가 있음을 믿고 당당하게 하소서.
하나님의 선택이 자신을 향하고 있음이
가장 큰 기쁨이 되는 아이가 되게 하소서.
나의 주 예수 그리스도의 이름으로 기도합니다.
아멘!

Q 오늘 기도문을 읽고 하나님이 주신 자녀의 소중한 점을 써 보세요.

생명이 다하는 날까지
아름다운 삶을 영위하게 하소서

세상의 주인이 되시는 하나님 아버지,
오늘도 하나님이 선물로 주신 자녀를 위해 기도합니다.
이 세상 가운데 살게 하셨으니 이 세상에서 승리하게 하소서.
세상과 대적하는 것이 아니라 세상과 더불어 살게 하소서.
세상을 미워하기보다 세상을 도와
주님께로 인도하는 자가 되게 하소서.
세상을 이처럼 사랑하사 독생자를 희생하신
아버지의 마음을 닮게 하소서.

예수님이 그러셨던 것처럼 세상을 불쌍히 여기는 마음을 허락하소서.
건강하게 살면서 건강하게 어려움을 이겨 나가길 원합니다.
진취적인 생각을 품고 미래를 주도하는 자녀가 되길 원합니다.
오래된 생각이나 마음의 불안함에 갇혀 살지 않게 하소서.
두려움을 이겨 내고 소망으로 앞길을 헤쳐 가는 아이가 되게 하소서.
아름다운 성인이 되어 사회에 기여하길 원합니다.
교회를 사랑하고 사회를 사랑하며 사람을 돕는 자녀가 되게 하소서.
자신을 책임질 줄 알고 자족하는 법을 배우는 자녀가 되게 하소서.
그 무엇보다 일평생 하나님을 찬양하며 살게 하소서.

> "빛은 실로 아름다운 것이라
> 눈으로 해를 보는 것이 즐거운 일이로다"
> (전 11:7)

그것이 참된 행복이며 기쁨인 것을 믿습니다.

자녀의 입술에서 감사와 찬양이 끊이지 않게 하소서.

그들이 날마다 사람들과 함께 웃기를 원합니다.

하나님이 주신 생명이 다하는 날까지

선하고 아름다운 삶을 영위하게 하소서.

모든 이의 주인이 되시는 예수 그리스도의 이름으로 기도합니다.

아멘!

Q 오늘 기도문을 읽고 부모인 나에게 필요한 은혜를 구해 보세요.

_____

_____

사명선언문

너희가 흠이 없고 순전하여……세상에서 그들 가운데 빛들로
나타내며 생명의 말씀을 밝혀 _ 빌 2:15-16

1. 생명을 담겠습니다
만드는 책에 주님 주신 생명을 담겠습니다.
그 책으로 복음을 선포하겠습니다.

2. 말씀을 밝히겠습니다
생명의 근본은 말씀입니다.
말씀을 밝혀 성도와 교회의 성장을 돕겠습니다.

3. 빛이 되겠습니다
시대와 영혼의 어두움을 밝혀 주님 앞으로 이끄는
빛이 되는 책을 만들겠습니다.

4. 순전히 행하겠습니다
책을 만들고 전하는 일과 경영하는 일에 부끄러움이 없는
정직함으로 행하겠습니다.

5. 끝까지 전파하겠습니다
모든 사람에게, 땅 끝까지, 주님 오시는 그날까지
복음을 전하는 사명을 다하겠습니다.

서점 안내

광화문점	서울시 종로구 새문안로 69 구세군회관 1층 02)737-2288 / 02)737-4623(F)
강남점	서울시 서초구 신반포로 177 반포쇼핑타운 3동 2층 02)595-1211 / 02)595-3549(F)
구로점	서울시 동작구 시흥대로 602, 3층 302호 02)858-8744 / 02)838-0653(F)
노원점	서울시 노원구 동일로 1366 삼봉빌딩 지하 1층 02)938-7979 / 02)3391-6169(F)
일산점	경기도 고양시 일산서구 중앙로 1391 레이크타운 지하 1층 031)916-8787 / 031)916-8788(F)
의정부점	경기도 의정부시 청사로47번길 12 성산타워 3층 031)845-0600 / 031)852-6930(F)
인터넷서점	www.lifebook.co.kr